LE CAMEROUN À L'UDEAC

5-7, rue de l'École-polytechnique ; 75005 Paris

http://www.librairieharmattan.com
diffusion.harmattan@wanadoo.fr
harmattan1@wanadoo.fr

ISBN : 978-2-296-54464-2
EAN : 9782296544642

Alphonse Zozime TAMEKAMTA

LE CAMEROUN À L'UDEAC

Bilan et perspectives
d'une gestion administrative contestée
à l'ère du Renouveau

Préface du
Professeur Jacques FAME NDONGO

L'Harmattan

Alphonse Zozime TAMEKAMTA

LE CAMEROUN À L'UDEAC

Bilan et perspectives
d'une gestion administrative contestée
à l'ère du Renouveau

Préface du
Professeur Jacques FAME NDONGO

L'Harmattan

À

Dr. Jean Koufan Menkéné, infatigable bâtisseur de la prospérité intellectuelle.

La bienveillante Elvire, épouse attentionnée et mère affectueuse.

Omnes et Gloria Tamekamta, deux égéries en éclosion.

Martial Stanislas Foudjo, saint espoir d'une famille.

PRÉFACE

L'indépendance a charrié en Afrique des attentes de trois natures : politique, sociale et économique.

Au niveau politique, elle a contraint les divers pays à construire les structures de l'État moderne, c'est-à-dire un État rationnel et totalement libéré des contingences des systèmes politiques traditionnels. Sur le plan social, on a assisté à l'émergence de nouvelles élites modernes, mues par une farouche volonté de moderniser l'État. Au niveau économique, il leur est apparu urgent de bâtir des économies modernes et diversifiées. La diversification des structures économiques devait permettre aux pays africains en général, dépourvus d'importantes ressources financières et d'une main d'œuvre hautement qualifiée d'une part, peu industrialisés et généralement tributaires de l'agriculture d'autre part, d'échapper à l'insertion rentière dans l'économie mondiale imposée par les anciennes puissances coloniales.

Conscientes du fait que les actions nationales unilatérales et isolées auraient peu de chance d'impacter significativement la croissance économique et les conditions de vie des populations, les nouvelles autorités ont pris l'option d'unir leurs efforts et forger les modalités, selon une conception libérale, de l'intégration par le marché, pour construire une destinée commune.

C'est d'ailleurs dans cette perspective que l'intégration régionale, notamment en Afrique centrale, processus multidimensionnel entamé par la mise en place de l'UDEAC à Brazzaville en 1964, est apparue comme le thème fédérateur de toutes les initiatives et de tous les projets communs dans les domaines des relations économiques, des politiques industrielles et agricoles et des infrastructures orientés vers l'unique objectif, la production efficiente des biens d'intérêt collectif ou biens publics régionaux.

Cependant, les différences de dotations factorielles et de positionnement géographique des États -pays côtiers et pays insulaires enclavés-, ainsi que l'instabilité sociopolitique endémique post-indépendance, ont développé des ressentiments, des méfiances et des craintes légitimes vis-à-vis de l'intégration sous-régionale. L'établissement prévu des mécanismes de compensation et/ou de solidarité visant à répartir équitablement les bénéfices de la participation à un marché élargi des pays dont les positions concurrentielles sont d'ailleurs très contrastées, a probablement permis d'atténuer quelques disparités et surtout, de renforcer le sentiment que chaque État membre tire profit de son appartenance à la structure communautaire.

Mais pour permettre à l'UDEAC d'atteindre de manière optimale un tant soit peu ses trois objectifs majeurs, à savoir d'abord, promouvoir l'établissement graduel d'un marché commun en Afrique centrale grâce à l'élimination des entraves au commerce intracommunautaire, ensuite renforcer l'unité des économies et en assurer le développement harmonieux, et enfin participer à la création d'un véritable marché commun africain, certains États dont le Cameroun, se sont pleinement investis pour rassurer les sceptiques, et accélérer le processus de construction de l'intégration régionale, perçue comme la stratégie pragmatique, opérationnelle et efficace de l'impulsion du développement.

L'implication des autorités camerounaises dans la construction de cette structure visait l'altération de la prégnance de l'inter-étatisme, caractéristique fondamentale de l'aménagement institutionnel de l'UDEAC/CEMAC d'une part, et la promotion, dans le souci de l'affirmation d'une véritable immédiateté communautaire, davantage des logiques de subordination - concession à l'idée de supranationalité- que de coordination et/ou de coopération d'autre part.

La présente étude met en exergue les initiatives tenaces et audacieuses prises par ces autorités pour réduire la prégnance du souverainisme qui marque les principes fondamentaux de l'association des États au sein de l'UDEAC et plus tard de la CEMAC. Conscientes du fait que chacun de ses membres n'entend perdre ni son indépendance, ni sa qualité étatique, et moins encore, son identité propre et son autonomie d'action dans la sphère des rapports internationaux, les autorités camerounaises, d'après l'auteur, ont usé de tout le poids économique et politique du Cameroun pour offrir les meilleurs gages de succès à la dynamique intégratrice. Grâce à une phénoménale capacité de conviction, elles ont permis d'asseoir l'idée selon laquelle, les convergences d'intérêts économiques sont une manière efficiente de dépasser les rivalités et les antagonismes politiques. Ainsi, les transferts de souveraineté et la production des biens publics régionaux qu'impliquent l'intégration sont, à la fois, une réponse aux débordements des États dans un contexte de mondialisation et un moyen de réduire les forces de nuisance des logiques de coordination et d'inter-étatisme sous-tendant les traités de Brazzaville (1964 et 1974) et de N'Djamena (1996).

Il convient de souligner avec force que cet investissement des autorités camerounaises dans le processus de revitalisation de l'intégration que l'auteur décrit minutieusement et méthodiquement, a été guidé par trois variables ; le souci d'améliorer simultanément l'allocation des ressources et des économies d'échelle et la réduction des coûts de transaction, l'élargissement du marché et la prise en compte de l'idée que désormais, c'est à l'échelle mondiale que se joue une partie de la régulation.

Malgré les multiples résistances, la sous-région, à la faveur de l'intégration, s'est résolument engagée dans la transformation de ses structures socio-économiques, objectif principal des trois dernières décennies du XXe siècle qui, a vu émerger un nouveau monde marqué par le développement des blocs économiques régionaux et de vastes marchés rendus possibles par une technologie avancée. Ces efforts doivent être renforcés et appuyés dans quatre directions :

• le renforcement des efforts de convergence macro-économiques ;

• la progression dans la réalisation du marché commun ;

• la construction des infrastructures régionales ;

• l'intégration politique et la prévention des conflits (construction de la paix et de la sécurité).

L'ouvrage que j'ai le plaisir de préfacer permet au lecteur de parcourir les trajectoires des économies des États membres de l'UDEAC/CEMAC et du communautarisme en Afrique centrale, inscrites dans une logique de croissance dynamique. En outre, en même temps qu'il relève et rend hommage aux véritables forces motrices de la construction de la communauté, il ouvre de nouvelles perspectives de prospérité partagée et un espace d'épanouissement pour les citoyens et les entreprises des pays de la sous-région.

Cette œuvre historique, présentée en sept chapitres, est exceptionnellement riche. L'érudition de l'auteur va au-delà des restrictions académiques imposées. Elle s'exprime surtout par des références à la culture diplomatique, économique, générale qui viennent utilement conforter la démonstration magistrale de ses points de vue. Pour toutes ces raisons, elle mérite d'être lue.

Yaoundé le 24 août 2010

Le Ministre de l'enseignement supérieur,

Chancelier des Ordres académiques,

Pr. Jacques FAME NDONGO

INTRODUCTION GÉNÉRALE

Avant les indépendances, les territoires ou colonies de la France ont manifesté une volonté d'établir entre eux des relations commerciales dans le cadre des espaces régionaux tels que l'AEF. Il s'agissait de construire avec l'aide, pas innocente de la France, un cadre de coopération intra-régionale. L'UDE, issue de la convention du 23 juin 1959, a matérialisé cette volonté. En 1960, l'UDE s'élargit par l'entrée en son sein d'un autre partenaire et membre : le Cameroun. L'idée d'une coopération intra-africaine par l'intégration régionale liée aux solidarités socioculturelles et des réseaux marchands transfrontaliers, dès lors, est devenue nécessaire. C'est dans cette trajectoire que naît le 08 décembre 1964 à Brazzaville, l'Union douanière et économique de l'Afrique centrale dont l'objectif, à terme, était de parvenir à une intégration complète de la sous-région. Or, une intégration véritable se tient en cinq étapes complémentaires :

- la zone de libre échange avec suppression des droits de douane ;

- l'Union douanière avec l'institution d'un tarif douanier commun ;

- le marché commun avec suppression des obstacles aux mouvements de facteurs de production ;

- l'Union économique avec harmonisation des politiques sociales, fiscales, monétaires… ;

- l'Union politique avec institutionnalisation d'une autorité supranationale.

Au regard de cette logique, l'Afrique centrale n'a pas réalisé une intégration régionale. Ni la libre circulation des personnes et des biens (étape initiale) ou l'union douanière (étape intermédiaire), ni le marché commun, (étape ultime de l'intégration), n'ont été atteints. Ce constat a suscité plusieurs réflexions par lesquelles nous avons voulu interroger les concepts, les traités et les politiques d'administration de l'UDEAC afin d'y déceler les indices expliquant son dysfonctionnement. Pour le faire, il est apparu nécessaire d'analyser les textes géniteurs de l'UDEAC, d'évaluer l'UDEAC de sa naissance jusqu'à son essoufflement, remplacée par la CEMAC. Or, cette analyse, pour être exhaustive, doit prendre en compte le rôle du secrétaire général de l'UDEAC pour définir les responsabilités du dysfonctionnement. Il est statutairement celui qui dirige et administre l'organisation. C'est donc dans le souci de compréhension des antécédents de l'inefficacité de l'UDEAC, de la responsabilité réelle ou potentielle du Cameroun et de la timidité apparente de la CEMAC que s'inscrit ce travail.

PREMIÈRE PARTIE :

L'ÉLABORATION DU CONCEPT D'INTÉGRATION SOUS-RÉGIONALE EN AFRIQUE CENTRALE

L'idée d'intégration renvoie à une mise ensemble des volontés, jadis disparates ou homogènes, exprimées par des États inscrits dans une aire géographique précise, se matérialisant par des accords, des conventions, des traités et autres. L'intégration pourrait donc être définie comme "la substitution progressive d'une entité unique à la coexistence de plusieurs ensembles ou éléments autonomes"[1]. Au regard de ceci, l'Afrique centrale s'est illustrée par la création et l'émergence des structures telles que l'UDEAC dont le rôle est d'assurer l'intégration économique, politique et sociale des pays membres qui sont le Cameroun, le Gabon, la République Centrafricaine, le Tchad, le Congo et la Guinée Équatoriale. Inscrire l'UDEAC dans le vaste concept de coopération sous-régionale revient à : revisiter l'UDEAC en tant que structure ; c'est-à-dire ayant eu une genèse et présentant un cadre de vie avec plus ou moins de contraintes ; interroger les facteurs moteurs qui ont permis au Cameroun d'acquérir le mandat (statutaire) de fournir un secrétaire général chargé de l'exécution des politiques de l'UDEAC.

---

[1] A. T. Mvogo Mvogo, " Le système institutionnel et juridique de la CEMAC : étude du droit de l'intégration régionale", Mémoire de DESS en Relations internationales, Université de Yaoundé II-IRIC, 2000, p.1.

CHAPITRE I

L'UDEAC : SA STRUCTURE ET LES ENTRAVES À SON FONCTIONNEMENT

Les prémices de l'intégration en Afrique centrale remontent à la période coloniale durant laquelle des ébauches de regroupement sont réalisés dans une aire géographique dominée par la France. L'UDEAC, issue de ces tentatives, est le symbole d'une constance dans les relations, surtout douanières et économiques entre le Cameroun, le Congo, la RCA, le Gabon et le Tchad avant 1960.

I- Contexte de création de l'UDEAC

L'apport de l'héritage colonial est significatif pour examiner et comprendre l'ossature et le fonctionnement de l'UDEAC.

A- L'apport de l'héritage colonial français

La mise en œuvre de l'UDEAC prolonge les efforts déployés par la puissance coloniale française depuis 1910, et actualisés au lendemain des indépendances. Dans ce sens, l'UDEAC est fille de l'UDE. C'est en effet au sein de l'AEF que la première dynamique d'intégration a été enclenchée. L'UDE, issue de la convention du 23 juin 1959 est donc la première organisation sous-régionale réunissant à cette époque le Congo-Brazzaville, la RCA, le Gabon et le Tchad car le Cameroun n'y adhère qu'après 1960.

1- Les tentatives au sein de l'AEF

Les pays de l'Afrique centrale, en dépit des anciennes relations commerciales qui liaient les peuples de la région depuis l'époque précoloniale, ont fortement réalisé une interdépendance politique et économique dans le cadre de l'AEF. C'est donc dire que le phénomène colonial et la gestion française de ses colonies ont favorisé la gestation d'un mécanisme de coopération en vue d'une uniformisation douanière.

L'Afrique équatoriale française, instituée en 1910, comprenant le Gabon, le Moyen Congo (Congo Brazzaville), l'Oubangui-Chari (RCA) et le Tchad, est devenue le cadre dans lequel les pays sus-cités, ont convenu de former une entité géo-économique intégrée. C'est alors dans ce cadre restreint dont le Cameroun ne fait pas partie que naissent et s'intensifient les relations politiques et économiques entre les territoires d'Afrique centrale française.

La première guerre mondiale a cependant apporté une nouvelle configuration par la présence d'un nouvel acteur : le Cameroun. Le succès franco-britannique sur les troupes allemandes en 1916 et le partage du Cameroun en mars de la même année a présagé, eu égard à la superficie de la zone d'occupation de la France et à son système d'administration, d'un débat sur le statut du Cameroun par rapport à l'AEF.

Bien que le Cameroun ait gardé son statut de territoire sous mandat acquis à partir de 1919, on a noté une réelle volonté des administrateurs coloniaux français de faire du pays le prolongement naturel de l'AEF, pour des raisons économiques et stratégiques. La déclaration du gouverneur général Louis Gabriel Angoulvant selon laquelle : "Le Cameroun constitue (...) tant du point de vue géographique qu'économique, un complément indispensable de l'AEF. Le Moyen Congo et l'Oubangui Chari n'en sont que l'hinterland "[1], le démontre clairement. Au sein de l'UDE, les institutions scolaires, les menuiseries et les congrégations missionnaires communes à plusieurs pays ont amorcé un développement global intégré avec une nette prise en compte du Cameroun. On peut également citer l'initiative française de défense en Afrique centrale, plus connue sous le nom de "zone de défense AEF-Cameroun "[2], le centre d'initiation médicale d'Ayos[3] par lesquels les pays de la sous-région d'Afrique centrale ont réalisé leurs premiers pas vers l'intégration sous les auspices de l'administration coloniale française. Ce processus enclenché, les pays vont se mobiliser pour mettre sur pied la première

[1] D. Abwa, *Commissaires et Hauts commissaires de la France au Cameroun (1916-1960) : ces hommes qui ont façonné politiquement le Cameroun*, Yaoundé, PUY, 2000, p.13.

[2] La zone de défense AEF-Cameroun était une sorte d'alliance militaire défensive, créée en 1951, qui a permis l'usage intégré des moyens militaires et créé ce que messieurs Koufan et Tchudjing ont appelé " les solidarités élargies trans-territoriales".

[3] Le centre d'instruction d'Ayos, plus connu sous le nom d'École des aides de santé d'Ayos, a été créé en 1932 et a dispensé une solide formation aux personnels indigènes de santé en Afrique centrale dès 1940.

structure africaine de coopération sous-régionale : l'UDE[1].

2-Les réalisations de l'UDE

L'Union douanière équatoriale est la matérialisation d'une somme de décrets[2] qui, dans le cadre de l'AEF, ont organisé et harmonisé les transactions douanières entre l'AEF et le Cameroun. Cette harmonisation des conditions d'échanges résultait de l'intérêt que Louis Gabriel Angoulvant accordait à la ville portuaire de Douala, jugée stratégique pour être la capitale de l'AEF. Pour le gouverneur général, "à tous les points de vue, le Cameroun deviendra le centre d'activité du nouveau gouvernement général de l'AEF dont le siège serait complètement désorbité s'il demeurait à Brazzaville..."[3].

Malgré le fait que le Cameroun soit resté distinct de l'AEF, il a acquis un statut particulier dans le traitement des colonies et territoires sous tutelle de la France. Bien que disposant d'un tarif douanier qui lui est propre à la veille de la deuxième guerre mondiale, le Cameroun adopte un nouveau code douanier harmonisé. Celui-ci, en vigueur dans l'AEF et en

---

[1] Lire à propos Jean Koufan Menkéné, "Les relations entre le Cameroun et l'AEF. Chronique d'une annexion avortée (1916-1921) ", *Terroirs*, n° 1, 1991.

[2] On peut citer le décret du 27 décembre 1941 portant suppression de toute frontière douanière entre l'AEF et le Cameroun ou les décrets du 19 octobre 1948 et du 17 février 1955.

[3] D. Abwa, " Cameroun, moteur essentiel de l'intégration régionale en Afrique centrale ?" in D. Abwa et als, *Dynamiques d'intégration régionale en Afrique centrale*, Tome 2, Yaoundé, PUY, 2001, p. 501.

application du règlement de la SDN du 23 mars 1921, stipule que : "...Les tarifs des droits perçus à l'entrée et à la sortie dans la zone du bassin du Congo (AEF), sont applicables au Cameroun. Toutes les modifications apportées y sont étendues de plein droit... "[1].

L'harmonisation douanière entre l'AEF et le Cameroun, dès lors, s'intensifie et se matérialise d'une part par la création à Garoua le 06 décembre 1940 du deuxième bureau de douane de l'AEF, et d'autre part, par le décret signé le même jour et portant création d'une union douanière entre l'AEF et le Cameroun[2]. Plusieurs autres décrets ont scellé cette coopération, notamment celui du 27 décembre 1943 qui supprimait toute frontière douanière entre l'AEF et le Cameroun. Un autre décret, celui du 17 février 1955, plus engageant, prévoyait à son terme l'ouverture annuelle des contingents de produits issus de chaque territoire (de l'AEF-Cameroun) et devant être admis en franchise de droits d'entrée dans un quelconque

---

[1]J. B. Norodom Kiari, "L'harmonisation entre le Cameroun et l'AEF " in D. Abwa et als, *Dynamiques d'intégration,* Tome 1, Yaoundé, PUY, 2000, p. 42.

[2] Cette union douanière n'a été qu'un échec car son existence a été mise en déroute par les reproches de la communauté internationale, faits à la France par rapport au non respect des clauses de la Tutelle sur le Cameroun. Ainsi, cette union a été fragilisée par les assemblées locales détenant les prérogatives fiscales et budgétaires, par la suppression des barrières douanières qui a favorisé les échanges avec les territoires britanniques.

[3] Ce décret prévoyait aussi qu'à compter du 1er janvier 1942, les droits et taxes applicables à l'importation dans l'AEF et le Cameroun seraient fixés à un même taux.

territoire de la zone[1]. Ce texte de 1955 va plus loin car il comporte une convention industrielle qui accorde, en dehors des contingents prévus, une exemption systématique pour 5 ans de droits d'entrée et de sortie pour les produits fabriqués par une industrie implantée en AEF-Cameroun.

C'est donc fort de cette volonté significative de coopération que le 17 juin 1959, les chefs de gouvernement des quatre territoires d'Afrique équatoriale (Gabon, Tchad, Congo-Brazzaville, RCA) réunis à Paris, décident de créer l'UDE. La convention du 23 juin 1959 qui entérine les résolutions de Paris et portant organisation de l'Union douanière équatoriale stipulait que : "Les quatre territoires se constituent en union douanière à l'intérieur de laquelle la circulation des marchandises, des biens et des capitaux est libre"[2].

L'UDE, sans être entièrement autonome, marque ainsi une constance de la dynamique volontariste de coopération des pays d'Afrique centrale et constitue le socle du projet Boganda[3]. La convention portant création

---

[1] A. F. M.-M. Nkou, " Le Cameroun et ses voisins : un bilan des relations politiques, économiques et culturelles", Mémoire pour le diplôme de 3e cycle en Science politique, Université de Yaoundé-IRIC, juin 1976, p. 108.

[2] Mvogo Mvogo, " Le système institutionnel", p. 2.

[3] Barthélemy Boganda, président du Conseil des ministres de l'Oubangui-Chari de 1957 en 1959, préconisait la construction d'une politique unique dans le cadre de l'URAC (Union des Républiques d'Afrique Centrale) qui dans son évolution, devait inclure le Cameroun, le Congo-belge et l'Angola, pour former les États-Unis de l'Afrique latine. Ce projet ne sera malheureusement pas réalisé, en raison des réticences des nationalistes d'AEF, aggravées par la mort par accident d'avion de Boganda le 29 mars 1959.

de l'UDE prévoyait une législation et une réglementation commune en matière de droits et taxes à l'entrée du territoire douanier. Aussi, prévoyait-elle une coordination des politiques fiscales, un régime de taxe unique pour les produits de fabrication locale, la mise sur pied des organismes notamment le comité de direction[1].

Toutefois, il convient de noter qu'à l'origine, le Cameroun n'était pas membre de l'UDE. Ce détachement du Cameroun du bloc équatorial est inhérent à la dénonciation par les territoires de l'AEF, de la convention du 17 mars 1955 par laquelle de nouveaux bureaux de douanes étaient créés à Douala, Yaoundé et Mora contre 2 en AEF. Pour les territoires d'AEF, la politique de la France, consécutive à l'approbation de la convention de 1955, devrait permettre uniquement le développement du Cameroun. L'année 1960 est celle du revirement d'option des pays de l'AEF. En effet, après l'accession à l'indépendance des quatre anciennes possessions françaises, elles vont à nouveau se mettre ensemble dans le cadre de l'Union douanière équatoriale-Cameroun. Le président Léon Bah du Gabon exprima-t-il son attachement à l'impératif sous-régional de coopération en ces termes :

> L'accession à l'indépendance du Cameroun et des quatre États de l'ex-AEF, la mise en œuvre de nouvelles institutions permettent d'envisager un resserrement des liens économiques et douaniers entre nos États. Pour notre part, en ce qui concerne le Gabon, et dans le cadre de l'Union douanière équatoriale, nous souhaitons que l'esprit de coopération entre nos quatre États puise être

---

[1] Nkou, " Le Cameroun et ses voisins", p.110.

étendu à la République du Cameroun qui a avec chacune de nous une frontière commune[1].

Ces propos constituent un appel et témoignent de la volonté, malheureusement éphémère, des chefs d'État à se mettre ensemble. C'est un acte d'envergure, le premier pas d'États indépendants vers l'intégration. Il s'agit d'une intégration qui repose sur des données endogènes et dynamiques, perceptibles non seulement dans le cadre de l'UDE, mais beaucoup plus dans le cadre de l'UDEAC.

3- La naissance de l'UDEAC

L'UDEAC est le symbole d'une constance observée dans les relations économiques, sociales et politiques entre les États d'Afrique centrale pendant la période coloniale. C'est l'aboutissement d'un long processus entretenu à travers la signature de plusieurs décrets et conventions. Bien plus, de nombreuses réflexions ont été menées en vue de parvenir à un compromis sinon des compromis souhaitables pour toutes les parties.

C'est pour cette raison que la dynamique déclenchée par l'engagement issu de l'accession aux indépendances va se matérialiser par la convocation de plusieurs conférences. Tout d'abord, il y a eu une première conférence tenue le 29 juin 1961 à Bangui. Celle-ci a réuni les chefs d'État de l'UDE-Cameroun. Là, ils ont affirmé leur commune volonté de former progressivement un marché commun pour parvenir à une union douanière. Les résolutions suivantes y ont été prises :

---

[1]Léon Bah cité par I. S. Ntsama, "Le Cameroun et le processus d'intégration en Afrique centrale ", Mémoire de Maîtrise en Histoire, Université de Yaoundé I, 2002-2003, p.26.

- la réglementation des relations économiques et douanières entre les États de l'UDE et le Cameroun ;

- l'exonération des droits d'entrée et de sortie pour les produits du cru ;

- l'extension du régime de la taxe unique aux biens industriels fabriqués au Cameroun ;

- l'institution au 1er juillet 1961 d'un tarif extérieur commun aux cinq États ;

En juillet 1962, un tarif extérieur commun est adopté par les cinq États qui, en outre, instituent une commission mixte UDE-Cameroun. Le rôle assigné à cette commission était d'étudier les possibilités d'urgence pour le renforcement des liens de solidarité et l'unité des économies entre les membres. C'est alors dans ce sillage que s'est tenue à Douala en 1963, la réunion de la commission des experts chargée de préparer un projet d'union douanière. Le but de cette réunion, "était de trouver les modalités d'application de cette union douanière qui rencontrait des oppositions au sein de certains États membres "[1].

Les voies étaient ainsi ouvertes pour la création de l'UDEAC, car à la conférence de Fort-Lamy (N'Djamena) du 11 février 1964, un protocole d'accords est signé par les cinq chefs d'État, définissant les principes de l'union douanière. En même temps, la commission a confié aux ministres et experts, le soin de préparer un projet de traité organisant une union

---

[1] S. Nakam Datchoua, " Le Cameroun du Renouveau dans la dynamique d'intégration en Afrique centrale : enjeux et réalités", Mémoire de Maîtrise en Histoire, Université de Yaoundé I, 2003, p.19.

douanière. Ce Traité, signé à Brazzaville le 08 décembre 1964, porte institution de l'UDEAC. Première structure de coopération en Afrique centrale indépendante, l'UDEAC est fondée sur la conviction de ses membres que seule l'extension des marchés nationaux existants, grâce à l'élimination des entraves au commerce inter-régional, peut ouvrir la voie au développement économique et social. L'UDEAC, à ses origines, avait deux objectifs fondamentaux :

- la création d'une union douanière, exigeant la suppression de toute barrière fiscale, la mise sur pied d'un code douanier et d'un tarif douanier extérieur commun ;

- la création d'une union économique qui suppose la libre circulation des capitaux, des services et des personnes et la coordination des politiques de développement. Le Traité de l'UDEAC entre en vigueur en 1966 et, dès lors, cette structure tend vers ses objectifs en s'appuyant sur son organisation et son fonctionnement.

B- La structure de l'UDEAC

Pour atteindre leurs objectifs cardinaux et réaliser par là même leur entreprise communautaire, les pays membres de l'UDEAC ont créé trois organes chargés de coordonner les politiques générales de l'Union.

1- Le conseil des chefs d'État

Le conseil des chefs d'État fait partie des organes intergouvernementaux dont le rôle est de concevoir le cadre général, à l'intérieur duquel la politique de développement d'ensemble, s'opère. C'est l'organe suprême qui dirige l'Union, oriente et coordonne les politiques économiques et douanières. Il est constitué par les chefs d'États des pays membres de l'UDEAC ou de leurs représentants. Le conseil des chefs d'État, d'après l'article 4 du Traité instituant l'UDEAC, se réunit aussi souvent que la nécessité s'impose et au moins une fois l'an. La présidence du conseil est rotative et assurée par l'un des chefs d'État, pris dans l'ordre alphabétique des désignations des États, sauf décision contraire des chefs d'État prise à l'unanimité. La présidence change le dernier jour de chaque année civile. Dans le but de faire des études techniques préalables, il a été mis sur pied le comité direction.

2- Le comité de direction

Le comité de direction est l'organe technique qui apporte une large expertise sur les questions relatives au développement[1]. Cet organe est composé de deux membres par État à savoir le ministre des finances ou son représentant et le ministre chargé des problèmes de développement ou son représentant. Il peut tout de même être associé à ceux-ci, d'autres ministres compétents, suivant l'ampleur ou la complexité du projet à élaborer. Le comité de direction a pour rôle d'adopter, sur proposition du secrétariat général, les politiques et les actions communes.

3- Le secrétariat général

Le secrétariat général est un maillon des organes intégrés de l'UDEAC, représenté par le secrétaire général. Ses organes sont composés d'un secrétariat

[1] Il s'agit ici des dossiers relatifs au tarif extérieur commun, à la taxe unique, au code des douanes… .

particulier et d'une direction ayant deux divisions. La première division regroupe les départements des douanes et de la fiscalité et la deuxième coiffe les départements de l'harmonisation industrielle, des statistiques et des transports ainsi que les postes et télécommunications[1]. L'harmonisation industrielle ici suppose la création concertée des industries, de sorte à avoir par État membre, des structures complémentaires et non compétitives. Elle suppose aussi une uniformisation des codes nationaux d'investissement et de fiscalités internes. L'harmonisation des transports, quant à elle, vise à desservir les États membres par des voies de communication, afin de faciliter la circulation des personnes et les transactions commerciales.

Le secrétaire général est nommé par un acte du conseil des chefs d'État de l'UDEAC, sur proposition du président de la République (fédérale) du Cameroun, conformément à l'acte n°13/67-UDEAC-63 du 22 décembre 1967, pour une période de trois ans renouvelables. Suivant la disposition statutaire, il doit être de nationalité camerounaise. De même, il est placé sous l'autorité directe du président en exercice du conseil. Il a entre autres attributions, l'organisation des réunions du conseil, du comité de direction et des commissions spécialisées dont il assume le secrétariat. Il entretient des rapports avec les autorités nationales et les organismes publics ou privés de l'union. Il contribue, dans le cadre des décisions et mandats du conseil, à la coordination prévue en matière de relations économiques extérieures pour les problèmes d'intérêt commun.

---

[1] B. Adoum Wachoum, " L'avenir de l'UDEAC après le sommet des chefs d'État et de gouvernement de N'Djamena en 1994", Rapport de stage diplomatique, Université de Yaoundé II-IRIC, 1996, p.10.

Il est aussi autorisé à requérir l'assistance des organisations internationales, régionales ou de coopération bilatérale et à coordonner leurs actions. À la fin de chaque année, il établit un rapport sur les activités et le fonctionnement de l'union, ainsi que sur les progrès accomplis dans la réalisation des objectifs fondamentaux du traité. Ce rapport, d'abord présenté au comité de direction, est ensuite transmis au conseil des chefs d'État.[1]

L'UDEAC, au regard de sa structure, témoigne certes d'une volonté de s'unir, mais présente de graves insuffisances. Le Traité de 1964 assorti des principes, est resté désuet. L'absence de maturité des dirigeants de la sous-région et l'impuissance de son secrétariat général administratif ont ainsi précipité l'UDEAC à la déchéance.

II- Le vide juridico-administratif de l'UDEAC : un préjudice à son fonctionnement

L'analyse de l'UDEAC, en tant que organe régulateur de la dynamique d'intégration sous-régionale, est complexe. Un examen minutieux de son traité institutif, appliqué à sa gestion courante, fait apparaître deux limites principales : l'obsolescence du traité de 1964 et l'amenuisement ou la petite autorité dont dispose le secrétaire général.

---

[1] Lettre d'information anonyme sous le titre "UDEAC : réussir ensemble " publiée dans *Jeune Afrique Économie,* mensuel n° 118 d'avril 1989, p.132.

A- Le Traité de 1964, un instrument juridique obsolète

Un examen critique du texte organique, adopté à Brazzaville, ressort bien les conséquences du mauvais compromis de 1964 lié au fonctionnement de l'organisation sous-régionale.

1- L'inadéquation des textes et actes en rapport avec les principes généraux

S'il y a un préalable susceptible de mouvoir un processus d'intégration économique et politique, c'est un ajustement judicieux entre les buts et les textes. Le Traité de Brazzaville du 08 décembre 1964, n'ayant fait que confirmer la présomption d'homogénéisation[1], les États de l'ensemble sous-régional sont restés cloisonnés. Ce cloisonnement est la résultante des contradictions et de l'imprécision de certaines dispositions du traité institutif. Par exemple, l'article 27 du traité sus-évoqué, stipulant que : " les pays membres constituent un seul territoire à l'intérieur duquel la circulation des marchandises, des biens et des services est libre", est resté un vœu pieux jamais réalisé.

Bien plus, les textes à plusieurs reprises, ne parlent que de *concertation.* Pourtant, ce concept renvoie plus à l'idée de coopération qu'à celle d'intégration. En effet, l'idée d'intégration diffère de la coopération par l'harmonisation des politiques et plans de la coopération et de développement. L'intégration est un processus de collectivisation et d'uniformisation de la vie des États membres. Par contre, la coopération implique la nécessité

[1] D. G. Awoumou Côme, "La coexistence CEEAC-CEMAC : une nécessité ? ", *Enjeux,* n° 17, octobre-décembre 2003, p. 23.

de préserver les intérêts propres à chaque État. Cette dérogation représente une sérieuse entorse au principe de l'union douanière. C'est donc dire que de nombreux textes, parfois contradictoires ou comportant des fiscalités contraires aux objectifs de l'union, sont restés un écueil, renforcé par l'inefficacité des organes de la structure.

2- L'inefficacité des organes de l'UDEAC

L'inefficacité des organes découle du déséquilibre qui a fragilisé les structures de l'UDEAC. Par exemple, le secrétaire général est dépouillé d'un réel pouvoir au profit du conseil des ministres et du sommet des chefs d'État. Les deux instances sus-citées sont seules habilitées à prendre des décisions au non de l'Union. Or, le choix d'un projet de développement devrait faire l'objet, avant son adoption, d'une étude approfondie des conditions de fonctionnement. Des divisions telles que les comités d'experts, les commissions, la direction de l'agent comptable ou la direction du bureau technique régional, avaient pourtant pour mission d'étudier les contraintes techniques et d'évaluer la rentabilité d'un projet. La principale conséquence ici est l'échec de la coopération industrielle souhaitée ; donc des projets d'industries communautaires pourtant très espérés.

Cet échec peut s'expliquer par la confidentialité déplorable dans laquelle les grandes décisions étaient prises à l'UDEAC. En effet, toutes les couches sociales sont peu informées des avantages comparatifs réels ou potentiels qu'elles gagneraient à œuvrer pour l'éclosion d'une politique d'intégration régionale. En conséquence, elles s'intéressent peu aux actions liées à l'intégration sous-régionale. À ces carences de l'UDEAC, il faut ajouter l'absence des moyens de coercition ou de persuasion qui, manifestement, pouvait créer un environnement dans lequel les États allaient se sentir plus responsables.

3- L'absence des moyens de coercition

Lorsqu'on jette un regard sur des structures de coopération ayant existé et qui existent dans le monde, on s'aperçoit que la quasi-totalité tient compte des éventuelles incompréhensions entre les membres. Cette prise en compte des potentielles incompréhensions se traduit par la création des parlements, des cours de justice... Quelque soit le schéma d'une structure de coopération, le fondement du progrès suppose un préalable : " la conscience et la volonté nationale du peuple "[1]. Il s'agit d'une décision volontaire et inaliénable des États de se mettre ensemble pour défendre un idéal commun. En Afrique centrale, on a constaté une désolante absence de volonté politique, manifestée à travers l'application des textes unanimement adoptés. Pourtant, un parlement, une cour de justice ou encore un forum de résolution des différends survenus, contraindraient les États membres à rester en parfaite harmonie et les obligeraient à transcender les divers égoïsmes. Assurément, de graves crises qu'a connues l'UDEAC, seraient évitées. La plupart de ces crises est liée au sentiment éprouvé par certains chefs d'État d'être lésés et brimés. C'est d'ailleurs ce que révèle cette

---

[1]Ayéfoumin Odah," Le développement par l'État-nation", *Togo-Presse*, Quotidien d'information du Togo du 17 novembre 1995 cité par K. Abolo Kpatshavi, " Le processus d'intégration économique en zone UDEAC et CEDEAO", Rapport de stage diplomatique, Université de Yaoundé II-IRIC, 1996, p. 3.

déclaration plaintive du président tchadien François Tombalbaye, au moment du retrait de son pays de l'union en 1968 :

> Nous avons estimé qu'après avoir été colonisés par la France, le Tchad ne devrait pas devenir dépendant d'un autre État africain. Or, nous avons constaté au sein de l'UDEAC, une dépendance à la colonisation indirecte, entraînant une stagnation... . Nous avons été non seulement lésés mais ulcérés parce que dans l'UDEAC, certains n'ont que leurs propres intérêts.[1]

Ces propos du président tchadien traduisent le malaise qui sévit au sein de l'UDEAC, entre les États membres depuis sa création. De même, ce malaise s'est transposé au secrétariat et s'est manifesté par la contestation de l'autorité du secrétaire général.

B- Le secrétaire général de l'UDEAC et la réalité de sa fonction

Le secrétaire général de l'UDEAC, en tant que responsable de l'efficacité des services administratifs et de l'organisation de l'appareil exécutif, est astreint à trois réalités distinctes : absence de pouvoir de décision, allégeance à l'autorité du président en exercice de l'UDEAC et contestation de son autorité.

1- Une personnalité sans pouvoir de décision

Sur le plan juridique, et conformément à l'article 20 du traité modifié de l'UDEAC, le secrétaire général est garant de la politique générale. Mais dans la réalité, il ne peut prendre de manière autonome, aucune décision

---

[1] François Tombalbaye, *Marchés Tropicaux,* n° 1173, mai 1968, p-p. 1201-1202.

concernant le personnel de son administration[1]. Ceci revient à dire que le traité de 1964 était en lui-même porteur des germes nocifs. Au lieu d'être un véritable "chef d'orchestre", le secrétaire général est longtemps resté un fonctionnaire qui dirige et applique les résolutions générales sans détenir de pouvoir de refus ou d'amendement d'une disposition. Cette situation, peu encourageante pour l'intégration sous-régionale, est observée presque partout en Afrique, dans le cadre des organisations de coopération, rendues fébriles par l'influence de la hiérarchie. Le Professeur Jalloh le fait remarquer en ces termes :

> Les organisations africaines sont des organisations intergouvernementales avec le pouvoir de décision dans les mains de l'élite politique et les bureaucrates. Les employés des secrétariats régionaux ne jouent que des rôles secondaires ou des rôles d'exécution.[2]

C'est ainsi que, le secrétaire général de l'UDEAC cesse d'être le " conducteur" ou le moteur de la locomotive sous-régionale. Il lui échappe alors l'orientation de la politique de développement, car il ne peut dénoncer quelques partenaires irresponsables, quels qu'ils soient. Au cas même où il jouissait de cette prérogative, toutes ses remarques au sujet de l'UDEAC

[1] Lire à ce sujet G. D. Awoumou Côme, "Le couple Cameroun-Gabon et la dynamique d'intégration en Afrique centrale : enjeux, contrastes et réalités ", Thèse pour le Doctorat de 3ème cycle en Relations internationales, Université de Yaoundé II-IRIC, 2002.

[2]Professeur Jalloh cité par J. Constantin, "L'intégration régionale en Afrique noire. Esquisse sur dix années de recherches ", *Revue Française des sciences politiques,* vol. XXII, n°5, octobre 1972, p.1110.

seraient prioritairement validées par le président en exercice de l'UDEAC, envers qui il doit " allégeance".

2- Un homme sous l'autorité du président en exercice du conseil de l'UDEAC

Conformément à la disposition statutaire prévue par le traité institutif, le secrétaire général de l'UDEAC est placé sous l'autorité directe du président en exercice du conseil. Si on analyse profondément cette disposition, on s'aperçoit alors que chacune des décisions et des actes du secrétaire général doit faire l'objet de la censure du président en exercice du conseil. Même si quelquefois, ce dernier apporte une caution morale à tout acte du secrétaire général, il est à noter qu'à bien des égards, cette contribution morale se distille et devient des instructions. Ce glissement malheureux fait dérogation au traité de l'UDEAC qui stipule que :

> Dans l'exercice de leurs fonctions, le secrétaire général, le secrétaire général adjoint et le personnel du secrétariat général ne peuvent solliciter, ni recevoir d'instructions d'aucun gouvernement et d'une entité nationale ou internationale [bien que le président en exercice agit beaucoup plus en qualité de personnalité indépendante][1].

Avec cette interférence du président en exercice du conseil dans l'administration de l'UDEAC, on aboutit à la vulnérabilité de l'autorité du secrétaire général. Au-delà des préoccupations administratives, il a fait face à des contestations, plus ou moins ouvertes de son autorité, faites par ses collaborateurs.

---

[1] Traité institutif de l'UDEAC, Article 19, chapitre 3.

3- La contestation de son infime pouvoir par son entourage

L'UDEAC en tant que continuité ou transformation d'une œuvre coloniale, est le résultat d'un mauvais compromis entre les parties contractantes[1]. Elle n'a pas été précédée par l'adoption d'un cadre conceptuel accepté par tous. C'est dire que, ce cadre non accepté par tous les États membres, a matérialisé des contradictions des États sur le but ultime de l'union. L'une des carences de l'esprit d'intégration ici étant, l'absence d'une citoyenneté de la communauté qui a eu pour corollaire la différenciation nette entre le personnel du secrétariat. C'est alors, qu'à la conscience d'union, s'est substituée une méfiance née de la contestation de l'autorité du secrétaire général. Cette réalité est plus visible et perceptible lorsqu'on jette un regard critique sur le genre de rapport que le secrétaire général a entretenu avec ses collaborateurs. Par exemple, le secrétaire général adjoint de l'UDEAC, de nationalité gabonaise au regard du statut, est si non un fonctionnaire autonome. Ce poste, créé à la demande de feu le président Omar Bongo, était stratégique, car le secrétaire général adjoint est demeuré l'œil de " Libreville à Bangui". Il devait adresser un rapport annuel au gouvernement de Libreville, lui rendant compte des affaires intérieures de la structure. C'est d'ailleurs ce que faisait Ambroise Ngoye Mbongo dans la décennie 1980-1990. Il était "examinateur " et " rapporteur" du comportement général, non seulement des Gabonais , mais aussi de tout fonctionnaire sous sa conduite. Ce déploiement subtil du Gabon au sein

---

[1]Il s'agit des États membres qui, à l'origine, recherchaient des possibilités d'allègement d'obligations qui leur étaient assignées dans le cadre de l'AEF. C'était le cas pour le Gabon alors que le Tchad et la RCA souscrivaient pour un débouché maritime.

du secrétariat de l'UDEAC est un sérieux handicap à l'intégration sous-régionale ; chaque personnel étant devenu " un Empire dans un Empire".

Mais, le Cameroun va tant bien que mal réussir à surmonter contestations et crises pour s'afficher comme moteur de la dynamique d'intégration en Afrique centrale. Cette position est très convoitée par les pays voisins qui, malheureusement, n'ont pas rempli les conditions nécessaires pour diriger l'UDEAC à la création.

CHAPITRE II

LE CAMEROUN ET LE SECRÉTARIAT GÉNÉRAL DE L'UDEAC DE 1964 À 1982

L'Afrique centrale peut être perçue comme un concept, une construction historique, une réalité économico-politique et une entité politique[1]. Elle repose en outre sur des données identitaires endogènes favorables à une intégration des peuples de la région. Le Cameroun qui a hérité du même patrimoine colonial que les pays de l'ex-AEF, a considérablement marqué d'une empreinte forte l'élaboration du cadre de coopération entre les pays de l'Afrique équatoriale. Au sein de l'UDE et plus encore à l'UDEAC, le Cameroun a pris une part active dans les transactions douanières et commerciales. Le succès de son déploiement dans ce cadre et ses énormes potentialités sont des éléments de compréhension de son choix à diriger le secrétariat général de l'UDEAC.

I- Raisons de l'attribution du secrétariat de l'UDEAC au Cameroun

Deux raisons fondamentales peuvent sous-tendre le choix du Cameroun pour la gestion du secrétariat de l'UDEAC. La première raison est en rapport avec les

---

[1] Y. A. Chouala, " Désordre et ordre dans l'Afrique centrale actuelle : démocratisation, conflictualisation et transitions géostratégiques régionales", Thèse pour le Doctorat de 3ème cycle en Relations internationales, Université de Yaoundé II-IRIC, octobre 1999, p. 60.

réalités physique et socio-politique, tandis que la seconde s'appuie sur l'élément économique.

A- Raisons physique et socio-politique

Ces raisons découlent de la position stratégique du Cameroun en Afrique centrale et d'un nombre considérable d'atouts dont il regorge tels que la géopolitique, sa culture riche et diversifiée et son dynamisme au sein des organisations ayant précédé l'UDEAC.

1- Le critère géopolitique et historique

La spécificité du Cameroun en Afrique centrale résulte d'une part de la position-carrefour qu'il occupe dans la sous-région, et d'autre part, de ce qu'il a connu une histoire coloniale particulière.

D'abord, le Cameroun géographique occupe une position qui le met en contact avec le Tchad au Nord, le Gabon et la Guinée Équatoriale au Sud, la RCA à l'Est et le Nigeria à l'Ouest (bien que ne faisant pas partie de l'Afrique centrale). Cette position géographique au centre de l'Afrique centrale facilite les liaisons routières entre le Cameroun et les autres pays de la sous-région. Bien plus, le Cameroun a une large ouverture sur l'océan atlantique ; d'où l'importance du port de Douala qui est la porte d'entrée et de sortie de plusieurs pays d'Afrique centrale, entièrement situés sur la dorsale continentale[1]. Cette situation du Cameroun se trouve être un indéniable atout pour la desserte de la sous-région. Si par intégration, on

[1] C'est le cas du Tchad et de la RCA qui n'ont aucun contact avec la mer et qui, par ricochet, doivent nécessairement faire transiter leurs produits pondéreux par le port de Douala.

entend une régionalisation de " jure"[1], alors la circulation des personnes et des biens (préalable indéniable qui sous-entend le concept d'intégration), devient dans cet espace régional une donnée réelle. Le politologue camerounais Augustin Kontchou Kouomegni dans ce sillage, parle mieux de l'influence prépondérante du facteur de proximité dans le développement des interactions de proximité des États africains. C'est donc comprendre que le Cameroun, du point de vue géographique, présente un incomparable atout qui a profondément milité en sa faveur lors de l'attribution du secrétariat général de l'UDEAC.

Au-delà de cette situation stratégique du Cameroun en Afrique centrale, s'ajoute son particularisme historique. En effet, protectorat allemand issu du Traité germano-duala du 12 juillet 1884, le Cameroun va le demeurer jusqu'au 04 mars 1916, date à laquelle les Français et les Anglais se partagent ce pays, après la défaite des troupes allemandes lors de la première guerre mondiale. Placé sous mandat de la SDN en 1919 et sous tutelle de l'ONU en 1946, le Cameroun a connu une administration coloniale particulière. Si pour la Grande Bretagne, il fallait rattacher le Cameroun au Nigeria dans sa partie occidentale, pour la France, il fallait aligner la partie orientale du Cameroun au Ministère français des colonies. Dès lors, en France, s'opposent deux thèses liées au statut de la partie française du Cameroun. La première thèse, celle du gouverneur général de l'AEF et

[1]Touna Mama, *La mondialisation et l'économie camerounaise,* Yaoundé, Friedrich Ebert Stiftung, 1998, p. 502.

plus particulièrement de Louis Gabriel Angoulvant, soutenait l'intégration du Cameroun à l'AEF, alors que la seconde, soutenue par les Commissaires de la République (avec pour chef de file Jules Gaston Carde), réclamait le renforcement de l'autonomie du Cameroun.

Au demeurant, la thèse du rattachement du Cameroun à l'AEF ne fut pas appliquée, malgré les arguments historiques, géographiques, économiques et financiers, judicieusement élaborés par Louis Gabriel Angoulvant. Toutefois, il faut signaler que deux textes officiels fondamentaux ont prouvé que la France métropolitaine, accordait une importance capitale au Cameroun. Le premier texte, un décret du 07 avril 1916 nommant le général Aymerich, fait également du Cameroun un Commissariat de la République autonome. Le second texte est le décret n° 5703 / 2 du 02 mai 1939 qui transforme le Cameroun en Haut-commissariat dirigé par Richard Brunet[1]. Ainsi, la colonisation et surtout l'administration française du Cameroun a fait de ce pays (le Cameroun) un cas particulier en Afrique équatoriale. Les populations camerounaises avaient d'ailleurs la possibilité de donner leur avis dans la gestion de leur pays, par l'envoi des pétitions à la Commission chargée du mandat à la SDN ou au Conseil de Tutelle de l'ONU. C'est à l'issue des frustrations nées de la non prise en compte de certaines doléances du peuple camerounais et au regard des résolutions de la conférence de Brazzaville de janvier-février 1944, que des partis nationalistes naissent au Cameroun. L'UPC trouve ainsi l'occasion de réclamer, à cor et cri, l'indépendance du Cameroun qui sera obtenue en 1960, après cinq années de violence dues à l'hostilité des

[1] Abwa, *Commissaires et Hauts commissaires*, p-p.12 et 29.

colons français. Cette lecture de l'histoire du Cameroun est en définitive un élément important dans la compréhension du déploiement du Cameroun en Afrique centrale. Ce déploiement peut se justifier non seulement par la spécificité du Cameroun sur les plans géopolitique et historique, mais aussi par sa spécificité culturelle et sociologique.

2- Le critère culturel et humain

Le Cameroun, tout comme les autres pays de la sous-région d'Afrique centrale, présente un patrimoine culturel très riche. Ainsi, à la différence des autres pays, il est une Afrique en miniature. Sur le plan sociologique, le Cameroun compte plus de deux cent sept ethnies[1] avec le grand groupe Soudanais au Nord et les Bantous au Sud. Les Soudanais et les ethnies y afférentes (néo/paléo Soudanais et Hamites) se retrouvent au Tchad et en RCA. C'est d'ailleurs le cas des Kotoko et des Arabes Choas habitant la région de Kousseri à l'Extrême-Nord ; des Moundang (habitant la région de Kaëlé) ou des Massa et des Toupouri qu'on retrouve au Cameroun et au Tchad. De même, le peuple Mboum du Mayo-Rey, se retrouve au Tchad et en République Centrafricaine. Les Baya qui habitent l'Est et l'Adamaoua, sont également en République Centrafricaine. Les Bétis, les Duala, les Bakoko, les Fang du groupe Bantou, se retrouvent aussi au Congo et au Gabon. Les Bubi, alors premiers habitants de la Guinée Équatoriale, s'apparentent aux Duala du Cameroun[2]. Ce

---

[1] Ph. Gaillard, *Le Cameroun,* Tome 1, Paris, L'Harmattan, 1989, p. 13

[2] Lire à propos, H. Bourges, C. Wautier, *Les 50 Afriques : Afrique des Grands Lacs, Afrique australe, Océan indien*, Paris, Seuil, 1979, p.222.

résumé sociologique et même anthropologique qu'est le Cameroun, est davantage confirmé par la thèse du quasi-rapprochement des langues parlées dans l'aire culturelle Bulu-Béti-Fang, s'étendant au Gabon et au Congo.

Un autre aspect, pas moins important, est le biculturalisme du Cameroun. Il s'agit ici des deux langues officielles parlées au Cameroun après 1960. Résultat de la double colonisation franco-britannique du Cameroun, ce biculturalisme est facteur de cohésion et de consolidation des acquis issus de l'ère coloniale. Ces deux langues officielles (français et anglais) sont les plus utilisées dans toute l'Afrique. Le Cameroun, qui assure ainsi une médiation entre les deux Afriques linguistiques, présente une spécificité par rapport au reste de l'Afrique, en tant que seul pays ayant le français et l'anglais comme langues officielles (jusqu'à une époque récente). Toutefois, à l'échiquier mondial, il partage cette particularité avec le Canada, qui n'ayant pas connu le même itinéraire historique que le Cameroun, a tout de même été influencé par ces deux puissances.

Outre le facteur culturel, le Cameroun dispose d'une ressource humaine importante, car d'après les statistiques ci-dessous, sa population est presque égale au total démographique des autres pays d'Afrique centrale. Par exemple, en 1995, pour vingt-et-sept millions habitants que comptait l'Afrique centrale, le Cameroun avait treize millions cent mille ; soit un taux chiffré de 48,5% de la population totale. Les prévisions démographiques de 1998 font état de vingt-et-neuf millions trois-cent-vingt mille habitants, avec quatorze millions deux cents mille habitants pour le Cameroun ; soit 48,43%. Aujourd'hui, plus qu'hier, le Cameroun constitue un creuset humain, un pôle démographique en pleine expansion en Afrique centrale.

Tableau 1 : Répartition annuelle et par pays de la population(en millions d'hbts) en Afrique centrale.

pays	1995	1996	1997(estimation)	1998(prévision)
Cameroun	13,1	13,4	13,8	14,2
Tchad	6,59	6,75	6,9	7,1
RCA	3,2	3,3	3,4	3,5
Congo	2,66	2,76	2,86	2,96
Gabon	1,06	1,09	1,12	1,14
Guinée Eq.	0,391	0,400	0,410	0,420

Source : BEAC- Statistiques Nationales-année 1998

Le Cameroun est donc le pays le plus peuplé d'Afrique centrale, et assurément, possède une population dynamique que le Professeur Daniel Abwa qualifie en ces termes : " une population travailleuse qui ne recule devant aucun sacrifice pour obtenir des résultats toujours plus valorisants"[1]. Ce dynamisme a conféré au Cameroun un grand honneur et un grand prestige. Le Cameroun attirait beaucoup d'étrangers si bien qu'un représentant gabonais au parlement français laissait entendre qu'il préfère être second au Cameroun

[1] D. Abwa, " Cameroun, moteur essentiel de l'intégration régionale en Afrique centrale ?", *Dynamiques d'intégration*, Tome 2, p.503.

que d'être premier au Gabon[1]. Voilà un autre agréable atout qui, mis à profit, a fait du Cameroun une "locomotive" en matière d'intégration sous-régionale. Ce rôle privilégié du Cameroun va lui permettre de jouer un autre rôle significatif, car après son accession à l'indépendance, il prend par l'intermédiaire de son président, une part active aux grandes réunions de la sous-région.

3- Le critère lié aux options politiques et à la régularité du Cameroun aux forums sous-régionaux

Après la deuxième guerre mondiale, et face aux tumultes de la politique internationale discriminatoire, le Cameroun élabore des notions particulières qu'il défend avec insistance. Ces options sont en fait contenues dans les discours du président Ahidjo et s'inspiraient de ce que le Cameroun indépendant s'alliait aux causes du Tiers-monde. Face au concept de Non-alignement, le Cameroun collabore et va plus loin, dénonçant les frayeurs du siècle et remettant en cause la division internationale du travail qui fait des uns des réservoirs de matières premières et des autres des pourvoyeurs de développement. Le président Ahmadou Ahidjo à propos du Non-alignement déclarait :

> Nous n'entendons, ni être à la remorque, ni être la chasse gardée de personne ; mais entretenir, sans renier nos amitiés anciennes, des relations de coopération mutuellement bénéfiques avec toutes les nations de bonne

[1] Ambroise Foalem, entretien du lundi 12 avril 2004 à Yaoundé.

volonté, dans le respect mutuel des différences, de souveraineté et de l'intégrité territoriale[1].

Ces propos traduisent à juste titre le choix fait par le Cameroun de soutenir les thèses du Tiers-monde, mais aussi, laissent transparaître la prudence. Il n'est plus question de rebâtir les relations entre les nations, mais de rendre les États équidistants au bénéfice de l'intégrité. On comprend donc que le Cameroun élabore une politique simpliste qui privilégie son intégrité. Cette option, certes mitigée mais prudente, nous semble avoir considérablement milité en faveur du Cameroun à l'UDEAC. Il s'agit de cette politique non agressive qui privilégie une redéfinition des rapports entre nations. À cette option militante du Cameroun, on peut ajouter celle liée à la libération de l'Afrique et au rêve panafricain.

Bien plus, la présence régulière du Cameroun aux grands rendez-vous africains s'avère être un autre signe de grande considération et de parfaite estime. D'abord entrepris dans le cadre de l'AEF, l'action participative du Cameroun s'est étendue aux travaux préliminaires en vue de la création de l'UDEAC. L'époque, c'est-à-dire la décennie 1960-1970, est également un élément à mettre en exergue dans cet engagement du Cameroun. Selon Ambroise Foalem, cette décennie est celle de la domination du Cameroun dans la sous-région, au regard de l'ingéniosité de son peuple et de ses autorités.

C'est donc dire que le Cameroun a bénéficié d'une opinion très favorable en Afrique centrale après

---

[1] Propos d'Ahmadou Ahidjo repris par Mamadou Seck (Sous la dir.), *L'Encyclopédie de la République Unie du Cameroun.*, Tome 3, Paris, NEA, 1981, p. 298.

l'indépendance. Conscient des valeurs que revêt alors l'UDEAC, Ahmadou Ahidjo déclarait :

> Il ne s'agit pas seulement de cohabiter plus ou mieux harmonieusement. Il s'agit, surtout, de nous sentir intimement solidaires d'un même destin, de participer à une œuvre commune, de créer et de consolider les conditions d'une collaboration bénéfique à tous et qui assurera des relations de bon voisinage et de coopération pacifique et fraternelle[1].

L'engagement tout azimut du Cameroun à la création de l'UDEAC s'est étendu bien au-delà. C'est pourquoi, plusieurs discours de même teneur ont été prononcés par le président Ahidjo. Nous citons à ce titre ses discours lors des conférences de l'UDEAC à Yaoundé le 14 décembre 1965, son allocution à la séance de clôture du conseil de l'UDEAC à Libreville le 23 décembre 1973, son discours prononcé à l'occasion du même conseil des chefs d'État de l'UDEAC à Yaoundé le 09 décembre 1974 et celui prononcé à l'ouverture du 14e conseil de l'UDEAC à Yaoundé le 19 décembre 1978.

Ces options politiques et cette régularité du Cameroun aux forums africains de la décennie 1960 s'ajoutent à son embellie économique de la même époque pour lui donner un prestige significatif et un rôle moteur en Afrique centrale.

B- Les raisons liées à l'économie camerounaise et au principe de partage des postes

L'économie du Cameroun à partir de 1960 présentait deux caractéristiques distinctes ; le Cameroun

---

[1] Ibid. p.302.

regorgeait de grandes sources de richesses et présentait une économie florissante.

1- L'importance des ressources naturelles, énergétiques et industrielles

De par son milieu et son climat, le Cameroun est un immense réservoir de richesses en Afrique centrale. Le Cameroun, "cette femme à genoux au cœur de l'Afrique, entre le 2e et le 3e degré de latitude Nord, contient en son sein la quasi-totalité de la diversité et des richesses du continent"[1]. Du Nord au Sud, on passe de la forêt luxuriante, habitée par une faune extrêmement variée, à la steppe désertique, après avoir traversé la savane boisée. C'est donc dire que le Cameroun possède en plus de son sol et de son sous-sol riche, un relief, un climat, une hydrographie et une végétation qui en font un condensé de l'Afrique. La forêt camerounaise occupe environ 40% du territoire ; soit environ 20 000 000 d'hectares, constitués des espèces de bois très prisées sur les marchés étrangers telles que l'iroko, l'acajou, le sapelli… .

Le potentiel énergétique du Cameroun est un facteur important pour la compréhension de l'émergence de son industrie. Bien que des matières premières du Cameroun (gaz, pétrole, or, bauxite…), soient vouées à l'exportation, l'abondance de ses ressources hydrauliques (eaux de surface et souterraines) suffit pour alimenter son industrie et approvisionner les pays voisins tels que le Tchad et la RCA. L'inventaire du potentiel industriel du Cameroun permet de noter que tous les secteurs de production sont concernés. Le

[1] Ibid, p.230.

secteur alimentaire ou para-alimentaire s'est développé à travers les usines de décorticage de riz (Yagoua, Doumé), le traitement du cacao (SIC à Douala), les huileries (CDC, Palmoil), les chocolateries etc. Le secteur textile s'est également développé, avec des usines d'engrenage de coton (Garoua, Kaëlé… .) et SAFCO pour la confection des vêtements. Les savonneries, les fabriques d'oxygène, l'usine de transformation d'alumine en aluminium, les secteurs de bois et du bâtiment ont rendu l'économie camerounaise compétitive. Et pour assurer cette politique industrielle, des mesures ont été adoptées par le gouvernement camerounais pour favoriser l'apport des capitaux privés. Parmi celles-ci, figurent l'aménagement fiscal et la mise en place des régimes fiscaux pour les investissements privés, l'octroi de certaines facilités douanières et l'adoption d'un code des investissements. La mise en application de toutes les mesures sus-citées a donné un cou de pouce à l'économie du Cameroun qui a réellement décollé au lendemain de l'indépendance.

2- Une économie en croissance

D'une manière globale, l'évolution de l'économie du Cameroun à partir de 1960 paraît suivre un mouvement ascendant. De 1950 à 1964, le taux de croissance moyen était de 6,5% ; entre 1964 et 1969, il passe à 9,4% puis à 14,1 % entre 1969-1974 et à 15,5% entre 1974 et 1979. Cette embellie de l'économie du Cameroun est le résultat d'un combat collectif, mené par tout le peuple pour vaincre les obstacles liés au passé de la nation. Le développement économique préoccupait le peuple si bien qu'Ahmadou Ahidjo lançait un cri en ces termes :

> Nous n'avons pas à nous faire d'illusions, l'indépendance politique nous a certes permis de devenir seuls maîtres de nos destinées, mais il n'y a là qu'une potentialité. L'indépendance véritable, c'est la victoire économique, la victoire sur le sous-développement sous toutes ses formes : matérielle, morale, intellectuelle, spirituelle[1].

Pour atteindre cet objectif et gagner la bataille économique, un ensemble de dispositions ont été arrêtées en vue de l'exécution des projets planifiés. Ces projets ont reçu le nom de " plans quinquennaux" dont le premier, lancé en 1960, avait pour objectif de doubler en 20 ans le revenu moyen par habitant. Suivant les orientations données à chaque projet, il touchait toutes les branches de l'économie, en spécifiant les parts financières des différents actionnaires. Au regard du tableau ci-dessous, l'agro-industriel est le domaine de prédilection du Cameroun, qui pour un capital social de dix milliards quatre-vingt-quinze millions de francs CFA, finance à hauteur de 73,0% pour 21,0% de capital étranger. La transformation des boissons (trois milliards huit cent trente six millions de francs CFA), l'industrie textile (deux milliards cinq cent quatre-vingt-dix millions de francs CFA), la transformation du bois (deux milliards six-cent-vingt millions de francs CFA), la transformation des matériaux et le secteur de l'énergie électrique sont les plus visés. En somme, l'industrie camerounaise au début de la décennie 1960 fait figure de bonne santé avec un capital social camerounais de 42,5%.

---

[1] Ibid, p. 303.

Tableau 2 : Intérêts camerounais et étrangers dans l'industrie camerounaise (décennie 1960).

Branches d'activités	Capital social	Intérêts camerounais		Intérêts étrangers	
		Totaux	dont publ.	Totaux	dont publ.
Agro-industrie	10.095	73%	71%	27%	21%
Transformation des produits de la mer	628	33%	33%	67%	-
Industries alimentaires	1.456	21,5%	16,5%	78,5%	72,5%
Boissons	3.836	23%	7,5%	77%	69%
Tabac	1.209	15,5%	-	84,5%	84,5%
Industries textiles	2.590	25%	2,3%	75%	38%
Cuirs et articles chaussant	805	34%	13%	66%	-
Transformation du bois	2.620	16%	14%	84%	45%
Industries chimiques	4.250	36%	31%	64%	47,5%
Matériaux de construction	1.050	52%	52%	48%	48%
Transformation des matériaux	6.720	10%	9%	90%	88%
Imprimerie-transformation du papier	620	50%	40%	50%	50%
Énergie-électrique-eau	4.825	80,5%	80%	19,5%	19,5%
Total général	40.700	42,5 %	39%	57,5 %	45%

Source : *Encyclopédie de la République Unie du Cameroun*, Tome 3, Paris, NEA, 1981, p.193.

Avec cet effort de mobilisation et de planification de l'ensemble des branches d'activités, on a pu noter un réel décollage de l'économie du Cameroun dont la décennie 90 consacre l'apothéose. En effet, le déséquilibre entre les importations et les exportations est réel, avec une balance commerciale excédentaire. En 1959 par exemple, elle est de +9,9, pour décroître à +6,3 en 1960 et +1,1 en 1961-1962. Après le premier déficit en 1964-1965 (-0,6), elle se stabilise à 0 en 1965-1966. Dès lors, on note une nette amélioration progressive de la balance commerciale, qui passe à +5,3 en 1969-1970, pour connaître un an plutard, son plus grand déficit (-8,3). C'est alors que cette dynamique connaît une brisure jusqu'en 1980, comme l'indique les statistiques contenues dans le tableau suivant.

Tableau 3 : Dynamique de l'évolution du commerce extérieur du Cameroun (1959-1969).

	Total des échange s	Expor-tations	Impor-tations	Balance commer-ciale	% couver-ture
1959	53,5	31,7	21,8	+9,6	-
1960	52,7	29,5	23,2	+6,3	-
61-62	56,1	28,6	27,5	+1,1	104
62-63	60,6	31,2	29,4	+1,8	106,1
63-64	68,3	35,9	32,4	+0,5	110,8
64-65	73	36,5	37,5	-0,6	98,6
65-66	75	37,5	37,5	0	100
66-67	76,2	38,5	37,7	+0,8	102,1
67-68	92,7	45	47,7	+2,7	94,3
68-69	102,2	53,2	49	+4,2	108,6

Tableau 4 : Dynamique de l'évolution du commerce extérieur du Cameroun (1969-1979).

	Total des échanges	Exportations	Importations	Balance commerciale	% couverture
69-70	127,1	66,2	60,9	5,3	108,7
70-71	-	9,6	69,9	-8,3	88,1
71-72	128	56,2	71,8	-15,6	78,3
72-73	110,7	63,2	77,5	-14,3	81,5
73-74	187,5	107,9	79,9	28,3	135,6
74-75	232,9	106,9	126	-19,1	84,8
75-76	238,7	112,2	126,5	-14,3	88,7
76-77	335,3	161,2	174,1	-12,9	92,6
77-78	407,4	191	216,4	-25,4	88,3
78-79	512	241	271	-30,4	88,7

Source : DSCN, 1979.

L'un des aspects non négligeables de l'économie du Cameroun, à l'observation, est également la couverture optimale des besoins intérieurs de l'État entre 1959 et 1970, avec un pourcentage presque au dessus de 100. Même s'il y a eu un déficit de couverture en besoin durant la décennie 1970-1980, l'économie du Cameroun s'est avérée être la plus dynamique d'Afrique et la plus développée d'Afrique centrale. C'est en fait la substance de *l'état du monde en 1984*[1] qui révèle qu'en 1984, la

[1] L'état du monde en 1984, est un document de plus de six cents pages, publié en 1984 aux éditions La Découverte-Boréal Express à

croissance du Cameroun s'est maintenue à 7%, avec l'une des dettes extérieures les plus faibles d'Afrique[1].

En somme, le Cameroun dès 1960 et ce jusqu'au début de la décennie 1980 a une économie en forte croissance. Cela constitue un atout majeur, un argument valable de son engagement au sein de l'UDEAC. Le secrétariat général de cette structure est l'une des retombées de cet engagement. Mais en dehors de cet indice, on peut affirmer que ce poste n'est autre chose que la part du Cameroun en matière de responsabilité à l'UDEAC.

3- Le secrétariat général de l'UDEAC : la part camerounaise des postes de la structure

L'UDEAC, en tant que structure de coopération sous-régionale et d'intégration, présente un organigramme qui répond aux aspirations des chefs d'État exprimées à travers les objectifs fondamentaux de la structure. C'est ainsi qu'on a pu noter comme postes stratégiques, le secrétariat général, la division de la fiscalité et des échanges commerciaux, la division de la recherche et de la production, la division des ressources humaines et des communications, la division des études, des opérations et de l'évaluation. En admettant que l'installation du siège de l'UDEAC à Bangui, en République Centrafricaine, est le signe de sa contribution à l'édification de l'espace intégré

Paris. Rédigé par 75 experts et abordant les questions d'ordre politique, stratégique, économique, social et culturel, ce document a été dirigé par MM. François Gèze, Alfredo Valladao, Yves Lacoste et Thierry Paquot.

[1] Article anonyme sous le titre : "L'économie camerounaise, l'une des plus dynamiques d'Afrique ", *Cameroon Tribune*, n° 3141 du samedi 1er décembre 1984, p.4.

sous-régional, on s'aperçoit que les autres postes dits stratégiques, devaient automatiquement être partagés. Cette option nous semble logique pour expliquer et comprendre le rôle de chaque pays membre au sein de l'UDEAC. En raison donc du principe d'égalité dans le partage des postes, le Cameroun a eu comme poste de responsabilité le secrétariat général, avec un adjoint originaire du Gabon. Le Tchad, par exemple, a hérité la division des études, des opérations et de l'évaluation. L'analyse faite par Damien Georges Awoumou Côme est très édifiante à ce sujet. Il parle mieux de la "mainmise du couple [Cameroun- Gabon] " sur le secrétariat de l'UDEAC/CEMAC pour expliquer, d'une part, l'emprise du Cameroun sur les postes stratégiques, et d'autre part, le déploiement subtil du Gabon au sein du secrétariat de l'UDEAC/CEMAC. Ceci nous permet de mieux saisir le phénomène très complexe d'organisation et de fonctionnement d'une institution. Le secrétariat général de l'UDEAC revenant alors au Cameroun, le secrétaire général avait l'obligation d'impartialité et de neutralité. Fonctionnaire international indépendant par statut et par devoir, il est garant de la bonne marche de l'institution. Pour cela, il doit accomplir les missions qui sont les siennes, judicieusement définies et inscrites dans le temps et dans l'espace.

II- Le secrétariat général de l'UDEAC de 1964 à 1982

Pour mieux cerner le secrétariat en tant que poste stratégique de l'UDEAC, il convient de répertorier les missions principales du secrétaire, définies suivant le statut de 1964, mais souvent modifiées et complétées par les actes du conseil des chefs d'État. Bien plus, il apparaît judicieux d'évoquer les mandats des secrétaires généraux de 1964 à 1982, car les changements de personnalités supposent tout aussi que des missions particulières leur ont été assignées.

A- Les missions principales du secrétaire général de l'UDEAC

Le Traité institutif de l'UDEAC de décembre 1964 en jetant les bases de l'union, définissait également les missions de chaque organe. Le secrétaire général en tant que pilier a eu une mission perceptible à trois niveaux : administrer l'appareil exécutif, coordonner les activités de l'union et mettre en œuvre la politique d'intégration sous-régionale.

1- La responsabilité d'administrer l'appareil exécutif

Le secrétaire général de l'UDEAC a la responsabilité d'assurer la direction et le fonctionnement du secrétariat général. Il garantit, à ce titre, l'efficacité générale des services administratifs et l'organisation de l'appareil exécutif[1]. En tant que tel, il est le chef d'orchestre des réunions du conseil et du comité de direction. C'est donc dire qu'il est au centre de l'exécutif de l'union, car il doit veiller à l'application du Traité et des décisions prises par le conseil dont il prépare le programme des projets cadre. Sa responsabilité est plus étendue en matière d'évaluation du personnel du secrétariat. En effet, par l'acte n° 10/66 - UDEAC-59 du 13 décembre 1966 du conseil des chefs d'État arrêtant le statut des personnels de l'UDEAC, notamment au titre IV, le secrétaire général s'est vu assigné de nouvelles fonctions. Désormais, il conçoit et présente au conseil, les projets de modification de l'organisation des services de l'UDEAC. Aussi, procède-t-

[1]Lettre d'information anonyme sous le titre : "UDEAC : réussir ensemble ", *Jeune Afrique économie*, n° 118, avril 1989, p.132.

il aux affections du personnel dans les différents services et intervient dans le traitement de leurs fichiers solde. Sa responsabilité va plus loin, suivant le même acte sus-cité, car il a le pouvoir de prendre ou de proposer des sanctions disciplinaires à l'encontre du personnel malveillant. Toutefois, il est à déplorer ici, le fait qu'en dépit de la légalité de ces dispositions, le secrétaire est resté sans pouvoir réel. L'illustration la plus plausible ici pouvant être le groupe de pression gabonais, contestataire permanent de l'autorité du secrétaire général, davantage perceptible entre 1982 et 1991. Impuissant, craignant l'intervention de la présidence gabonaise en faveur des contestataires et soucieux de préserver l'esprit jadis d'unité, le secrétaire général s'obligeait à ménager le chou et la chèvre.

2- La coordination et la supervision des activités des États membres et partenaires associés

L'UDEAC constitue un seul territoire douanier à l'intérieur duquel la circulation des personnes, des marchandises, des biens et des capitaux est libre (article 27 du Traité de Brazzaville). Pour cela, il a été adopté un tarif douanier et fiscal d'entrée commun, la libre circulation en franchise de tous droits et taxes d'entrée des produits du cru, originaires des pays membres. De même, il a été collégialement admis l'entrée en vigueur de la taxe unique, applicable à l'importation des produits originaires de l'Union dans les États membres. Toutes ces résolutions visaient à créer une véritable Union douanière et à harmoniser la fiscalité. Dans le souci de la mise en application desdites résolutions, le secrétaire général doit entretenir des relations avec les autorités nationales, en faisant prévaloir le principe de neutralité. C'est pourquoi il lui est recommandé de collaborer avec les commissions spécialisées. Bien plus, le secrétaire général a mission de recommander des études ou des expertises aux organismes et personnes compétents. Il peut également procéder à l'établissement des relations économiques extérieures pour les problèmes d'intérêt commun. Ainsi, il est autorisé à solliciter l'assistance des organisations internationales, régionales ou de coopération bilatérale et à coordonner leur action. Le soutien multidimensionnel de ces partenaires, estiment les architectes de l'UDEAC, est important dans la mise en œuvre du projet d'union économique.

3- La mise en œuvre de la politique sous-régionale d'intégration industrielle et de développement

À la création de l'UDEAC, les présidents des cinq pays de départ avaient convenu d'harmoniser leurs plans de développement afin de mettre en œuvre une politique commune de coopération et d'intégration économique, notamment en matière d'industrialisation, d'agriculture, de transport, de postes et télécommunications, de transfert de technologie, d'utilisation des ressources naturelles et d'énergie. En constatant le retard accusé dans la réalisation de ces objectifs, les chefs d'État, lors du 10ème anniversaire de l'Union, ont conçu un document plus engageant. C'est de là qu'est né le concept de projet communautaire. La mission du secrétaire général est devenue à ce titre plus technique, car il conçoit des documents techniques sur les conditions de réalisation des projets liés aux postes et télécommunications. En matière de tourisme, il procède à la réception des documents conçus par chaque pays membre pour faire le point sur les infrastructures touristiques des pays. Après cette phase technique, il met l'accent sur les conditions de mise en exécution de chaque projet. On comprend bien que la mission du secrétaire général ici est bien lourde, car il s'agit de favoriser le développement équilibré des économies de la sous-région[1]. En clair, le secrétaire général est le " maître d'œuvre" dans le cadre de l'exécution des programmes de développement au sein de l'UDEAC. Ces missions semblent essentielles, car elles tiennent à la fois des dispositions générales prises en 1964 et des différentes modifications intervenues avec le temps. Ces missions sont en fait des orientations générales, des principes directeurs devant sous-tendre la politique de tout secrétaire général à l'UDEAC. De 1964 jusqu'en 1982, le secrétaire général de l'UDEAC s'est attelé à s'inscrire dans cette logique ; cette voie salutaire pour une intégration effective en Afrique centrale.

B- Aperçu sur les mandats des secrétaires généraux depuis 1964

Entre 1964 et 1982, trois personnalités ont présidé aux destinées de l'UDEAC avec comme dénominateur commun, deux mandats chacun. C'est ainsi que se sont succédés Charles Onana Awana, Pierre Tchanqué et Vincent Efon.

1- L'expérience de Charles Onana Awana (1964-1970)

Originaire du village Ngoulmekong dans la Lekié, Charles Onana Awana voit le jour en 1923 dans une famille polygamique dont il est quatrième des six fils de sa mère Ngo Mbom Jeanne[2]. Après des premiers contacts

---

[1] A. V. Ekani, " un destin commun", *Cameroon Tribune*, n° 4281 du jeudi 08 décembre 1988.

[2] Lire J. G. Zogo, " Charles Onana Awana, un grand commis de l'État au service de la politique (1923-1999)", Mémoire de DIPES II, Université de Yaoundé I-ENS, 2003-2004.

fructueux avec le cadre scolaire, il entre après 1930 au cours complémentaire de Nlong, puis au cours moyen première année en 1939. La suite de sa formation scolaire se fera à l'École supérieure de Yaoundé, sanctionnée par un Certificat d'études supérieures. Il se rend par la suite en France où il obtient, à l'École nationale de la France d'outre-mer (ENFOM), le titre de conseiller aux affaires administratives. Revenu au Cameroun en 1957, il est nommé directeur adjoint au cabinet du premier ministre André-Marie Mbida[1]. Après l'indépendance du Cameroun, il est fait secrétaire permanent du gouvernement camerounais à Paris (février-mai 1960), puis ministre des finances de mai 1960 à juin 1961. De juin à octobre 1961, il est ministre des finances et du plan et d'octobre 1961 à juillet 1964, il est fait ministre délégué à la Présidence chargé de l'administration des finances. Ce poste est le dernier qu'il occupe avant sa nomination au secrétariat général de l'UDEAC. Malgré des malaises et des frustrations de certains dirigeants de la sous-région se traduisant par la première crise de 1968, on reconnaît à Charles Onana Awana le mérite d'avoir su concevoir un schéma de fonctionnement de l'Union. La rigueur, l'ardeur et la détermination qu'on lui reconnaît est le signe qu'à son actif, il faut outre le schéma de fonctionnement, citer sa sensibilisation pour la conception de l'esprit d'intégration ; œuvre qui sera poursuivie par Pierre Tchanqué.

2- Le mandat de Pierre Tchanqué (1970-1977)

Né le 16 décembre 1925 à New-Bell, Pierre Tchanqué est devenu administrateur civil principal, diplômé de l'École nationale d'organisation économique et sociale de

---

[1] Lire *Annuaire nationale de la République Fédérale du Cameroun*, Toulouse, Presse d'Édouard Privat, 1963.

Paris en 1956 et titulaire d'un diplôme d'expertise comptable en 1959[1]. Revenu au Cameroun, il est nommé directeur de la comptabilité publique, puis secrétaire général du ministère des finances de 1965 à 1966. Par la suite, il est recruté à la Société nationale d'investissement (SNI) comme directeur technique, puis directeur général adjoint de 1969 à 1970.

C'est en juillet qu'il est appelé à l'UDEAC comme secrétaire général. Parmi les actions qu'il a menées à son poste, on peut citer entre autres, l'élaboration avec l'aide des experts, du document sur l'état de l'Union après dix ans d'existence. C'est alors que la décennie 74 fut baptisée celle de l'industrialisation avec une répartition par État membre des projets communautaires. Outre des projets pertinents liés au transport fluvial en 1977 et aérien qu'il a su présenter au 13ème sommet des chefs d'État de l'Union, il a pu gérer une crise entre l'empire centrafricain et le Congo. Cette crise faisait suite à la nationalisation par le Congo, des entrepôts centrafricains de Pointe-Noire et de Brazzaville[2]. Pourtant, le principe de libre circulation dans l'espace sous-régional ne l'autorisait pas. En 1977, Pierre Tchanqué est remplacé par Vincent Efon.

3- Le mandat de Vincent Efon (1977-1982) et le début de l'ère du Renouveau

Vincent Efon est né le 28 août 1927 dans le district des Mbos (département de la Menoua). Après des études primaires à l'École rurale de Santchou, puis à l'École régionale de Dschang, il entre au Lycée Leclerc de

---

[1]Numéro spécial du bulletin de l'Afrique noire, *Les élites camerounaises : qui est qui au Cameroun*, Paris, Ediafric, 1976, p.209.

[2] *Cameroon Tribune*, n° 1052 du jeudi 22 décembre 1977, p.16.

Yaoundé et y obtient ses deux baccalauréats[1]. Il part dès lors pour la France où il entreprend des études à l'Institut français des sciences politiques dont il est diplômé. Par la suite, il entre à la Faculté des lettres et sciences humaines de Toulouse. Diplômé de sociologie en 1960, il rentre au Cameroun et est nommé directeur au cabinet du ministre de l'éducation nationale. Promu ministre du commerce et de l'industrie le 20 mai 1967, ministre des transports en juin 1970 et ministre des affaires étrangères en juillet 1972, il est élu président du comité de libération de l'OUA.

Au secrétariat général de l'UDEAC, il a réaménagé le secrétariat, suivant les recommandations du 14ème sommet de l'UDEAC tenu en décembre 1978 à Yaoundé. Entre autres résolutions prises à ce sommet, la création du département de la recherche scientifique et technique. Le nouveau plan comptable entré en vigueur en 1978 et le projet de recensement agricole dans les pays de la sous-région avec l'aide du FAO sont des actes par lesquels il a marqué son mandat. En outre, il a procédé à l'élaboration des textes relatifs à la circulation des personnes, la mise en œuvre de l'approche dite "politique d'industrialisation commune de l'union ". Il a également étudié le dossier lié au retour du Tchad dans l'Union. Son mandat a pris fin avec le départ du Président Ahmadou Ahidjo de la magistrature suprême du Cameroun, car il cède sa place à Ambroise Foalem quelques jours après la prestation de serment de Paul Biya, lors du 18ème sommet de l'UDEAC. Ceci nous permet d'affirmer qu'avec Vincent Efon, finit une ère en même temps que commence une nouvelle : l'ère du Renouveau.

---

[1]Anonyme, *Annuaire national de la République Unie du Cameroun*, Douala, Les Points Cardinaux, 1968, p.67.

DEUXIÈME PARTIE

LE SECRÉTARIAT GÉNÉRAL DE L'UDEAC DE 1982 A 1998 : ESSAI D'ANALYSE DES MÉCANISMES DE FONCTIONNEMENT ET DE GESTION

L'analyse du fonctionnement du secrétariat général de l'UDEAC exige une périodisation : 1982-1998. Cette période coïncide avec les fonctions de deux personnalités qui ont connu des fortunes similaires à l'UDEAC. Le premier mandat est celui d'Ambroise Foalem (1982-1991) dont l'ingéniosité lui a valu le record de longévité à la tête de cette structure. Le second mandat est celui de Thomas Dakayi Kamga qui a eu le privilège d'être le dernier secrétaire général de l'UDEAC et le premier secrétaire exécutif de la CEMAC, en dépit des difficultés qu'il a connues dans l'exercice de ses fonctions.

CHAPITRE III

AMBROISE FOALEM ET LE RECORD DE LONGÉVITÉ AU SECRÉTARIAT GÉNÉRAL DE L'UDEAC (1982-1991)

Le mandat d'Ambroise Foalem à la tête de l'UDEAC revêt trois particularités : d'abord, il est nommé au début de l'ère Biya ; ensuite il a été le seul à remplir trois mandats ; enfin il a pu gérer une UDEAC secouée par les crises économiques, politiques et sociales de la décennie 80-90. La connaissance aisée de cette articulation exige qu'il soit procédé à l'étude du personnage dans son contexte socio-professionnel ; ce qui facilitera une analyse objective de son œuvre.

I- Le personnage et l'état de l'UDEAC à son arrivée

Étant donné que notre analyse prend effet à un moment où l'UDEAC existait déjà, on se propose après l'étude du personnage, de faire l'état de l'UDEAC en décembre 1982, c'est-à-dire avant la prise des fonctions de Foalem.

A- De la connaissance de l'homme

Connaître le personnage d'Ambroise Foalem revient à présenter son cadre de naissance, à le saisir dans son évolution sociale et intellectuelle, à énumérer les principales responsabilités professionnelles qu'il a eues avant 1982.

1- Cadre de naissance

C'est au sein de la chefferie de Bandjoun, dans l'Ouest-Cameroun qu'est né Ambroise Foalem le 15 juin 1934. Chef-lieu de l'actuel département des Hauts plateaux, Bandjoun partage avec Bafoussam, une même limite dans sa partie Nord-est. Le climat qui y règne est typique des zones équatoriales avec des fortes précipitations en saison des pluies. L'activité qui y est dominante, est l'agriculture qui occupe presque la totalité de la population active.

Sur le plan culturel, Bandjoun fait partie des localités de l'Ouest-Cameroun ou l'art et la tradition sont des valeurs sacrées. C'est ainsi que la chefferie Bandjoun, notamment l'architecture des bâtiments, se tient sous la forme de grands temples d'art et de culture de l'Égypte pharaonique. C'est dans cet environnement où rites et traditions sont sacrés, qu'Ambroise Foalem a fait ses premiers pas, avant de quitter, encore adolescent, son village pour Douala. C'est donc là qu'il va cheminer sur les routes sableuses d'Akwa, à la quête de l'éducation et de l'instruction.

2- Formation et émergence

C'est à Douala qu'Ambroise Foalem fait ses études primaires, sanctionnées par un Certificat d'études primaires élémentaires. En 1947, il quitte Douala pour Yaoundé, où il poursuit ses études secondaires au Lycée général Leclerc. Après son Baccalauréat en 1954, il quitte le Cameroun pour la France. Là, il poursuit ses études supérieures et obtient une Licence en droit privé. Par ailleurs, il a obtenu un Certificat d'aptitude à la profession d'avocat (Capa) et un diplôme de l'École nationale d'administration (ENA) de Paris.

Lors de son séjour en France, Ambroise Foalem a eu le mérite d'avoir renforcé ses relations amicales avec Enock Kwayep, Augustin Frederick Kodock, Pierre Tchanqué et surtout Charles Onana Awana, pour qui, il avait une grande admiration. Après l'indépendance du Cameroun et suite aux besoins de l'administration en personnel, Foalem rentre au pays sur la demande de Charles Onana Awana, alors ministre des finances. Ce retour marque le début de sa carrière très riche et diversifiée, qui lui a permis d'intervenir et de travailler dans plusieurs structures et organismes africains et internationaux.

3- Activités professionnelles antérieures à sa nomination

A son retour de la France, Ambroise Foalem a occupé le poste de contrôleur financier au ministère des finances. En 1962, il accède au sein de l'OAMCE, à la direction du département des affaires financières et monétaires, puis, deux ans plutard, à la direction du département des affaires économiques et financières. En 1966, il est nommé à la direction du département des affaires économiques, financières et des transports de l'OCAM, poste qu'il occupera pendant dix ans. Parallèlement, il sera rapporteur général du Groupe africain aux assemblées annuelles du FMI et de la Banque mondiale (1966-1971). En 1976, après son départ de l'OCAM, il est nommé secrétaire exécutif à la conférence sur la coopération économique internationale à Paris. Sa brillante prestation à cette conférence baptisée " Dialogue Nord-Sud"[1] lui a valu la

[1] Pour plus de détails, lire E. Messina Mvogo, "Le Cameroun et le Nouvel Ordre Économique International, 1974-1978", Mémoire de Maîtrise en Histoire, Université de Yaoundé I, année académique, 2001-2002.

distinction honorifique de Chevalier dans l'ordre national de la légion d'honneur, attribuée par le Président Valery Giscard d'Estaing. En 1977, Foalem est nommé conseiller technique au ministère des finances que conduisait Gilbert Tang. Il va occuper ce poste jusqu'en décembre 1982, date de sa nomination au secrétariat général de l'UDEAC.

B- L'UDEAC : état des lieux en 1982

En décembre 1982, l'UDEAC amorçait sa dix-huitième année d'existence. Loin d'avoir atteint les objectifs formulés dans le Traité constitutif signé à Brazzaville en décembre 1964, l'UDEAC faisait face à des crises internes et à la non réalisation des projets communautaires.

1- Les crises intérieures à la structure et sa fragile santé

La première crise qui affecte l'UDEAC intervient quatre ans après sa création. Cette crise est liée au sentiment éprouvé par certains chefs d'État d'être lésés et brimés. En conséquence, le Tchad et la RCA quittent l'UDEAC en 1968[1]. Quelques mois plutard, la RCA réintègre l'UDEAC, alors que le Tchad attendra 1984 pour rejoindre la structure. Ces retraits traduisent le malaise général que ressentent les deux membres de la structure. L'UDEAC en est sortie fragilisée au profit de l'échec des clauses de sauvegarde, prévues par le traité pour protéger le développement des États membres. Malgré les deux révisions du traité constitutif de l'UDEAC[2] et en dépit de

---

[1]Il faut dire que le Tchad avait quitté l'UDEAC en vue de former l'Union des États de l'Afrique centrale (UEAC) avec la RCA et le Congo-Kinshasa comme chef de file.

[2] Dans l'optique d'un meilleur ajustement des objectifs de l'UDEAC en vue de circonscrire les secteurs importants de développement, le

la commune volonté des pays membres de faire de la décennie 1974, la " décennie de l'intégration économique", rien n'a été concrètement fait dans ce sens. Ces réticences des dirigeants et/ou ce manque d'engagement auront comme principal avatar la non exécution des projets communautaires. Au demeurant, les objectifs de l'UDEAC en 1982 n'étaient que partiellement ou imparfaitement atteints malgré les recommandations du Plan d'action de Lagos[1].

2- Les projets communautaires à mi-parcours

Le grand écueil de l'UDEAC en 1982 peut demeurer le manque de décision politique des États membres qui n'ont pas pu élaborer une stratégie globale d'industrialisation, susceptible de rapprocher les intérêts des uns et des autres. Le premier bilan décennal de l'Union, établi en 1974, laissait déplorer déjà la mauvaise répartition des projets d'industrialisation, l'inadéquation des plans de développement ainsi que les politiques de transports[2]. Pourtant, l'exécution de ces programmes très séduisants, aurait permis de réduire les disparités entre les États membres ; du moins de les amoindrir au profit du

---

Traité de l'UDEAC fut révisé d'abord en décembre 1966, puis en décembre 1974.

[1] Il s'agit d'un ensemble de mesures issues du sommet extraordinaire de l'OUA à Lagos en 1980, consacré uniquement aux problèmes économiques de l'Afrique. Là, les chefs d'État décidaient pour unir l'Afrique par l'économie, d'appliquer la stratégie des cercles concentriques de solidarité par région.

[2] Quentin Otabela, " Une grande fête de la coopération africaine", *Cameroon Tribune*, n° 3155 du 18 décembre 1984, p.16.

renforcement de l'esprit de solidarité et de complémentarité géo-économique.

L'idéal communautaire, pourtant très ambitieux, a été affecté. Ceci est le résultat de l'absence d'une étude préalable des conditions d'implantation et d'exploitation des industries communautaires dans chaque pays. Pour s'éloigner de cet écueil, Ambroise Foalem a préconisé une " industrialisation concertée" car selon lui, c`est un fondement de l'UDEAC. Les États membres, conscients des exigences économiques des puissances industrielles et soucieux de recentrer leur politique d'intégration sous-régionale, ont demandé (bien tardivement) que soit fait un examen de la situation de l'UDEAC. Selon eux, il est question de déceler à la suite de cet examen les causes de cette léthargie, pour réajuster la stratégie de développement. À Brazzaville en décembre 1980, une commission d'évaluation de l'activité de l'Union avait été instituée, commandée par la Commission économique pour l'Afrique (CEA). Les conclusions des études d'évaluation, prescrites en 1980, ont été publiées alors qu'Ambroise Foalem était déjà aux commandes. Les propositions faites à l'issue de cette étude ont donc constitué la " feuille de route" de celui qui entre 1982 et 1991, va tenter de reconfigurer l'UDEAC pour amorcer la turbulente décennie 1990.

II- Ambroise Foalem et son œuvre : analyse sectorielle de son action

Pour comprendre l'œuvre d'Ambroise Foalem au secrétariat général de l'UDEAC, il importe d'évoquer les concepts clés de sa politique d'administration. Bien plus, il sera question de parcourir ses mandats pour ressortir des actions concrètes à mettre à son actif.

A- Les bases de sa politique d'administration

Le 23 janvier 1983, Ambroise Foalem prend officiellement ses fonctions. La grande expertise qu'il a eue dans son parcours professionnel et la rigueur qui le caractérise dans la gestion du bien public lui ont imposé des préalables. C'est alors que sa politique va s'articuler autour de la redynamisation, de l'élargissement des pouvoirs du personnel et du recentrage de l'UDEAC dans son rôle de pourvoyeur de développement.

1- Redynamiser l'UDEAC : un préalable à la politique de Foalem

L'idée de redynamiser 1'UDEAC qui préoccupe Foalem, tient de son engagement à faire de la structure, la plaque tournante au service du développement de la sous-région. En décembre 1983 à Bangui, lors du tout premier comité de direction auquel il participe, Ambroise Foalem a pu obtenir que lui soit confiée la direction des études complémentaires. Lors du conseil des chefs d'État de la même année, il obtient des chefs d'État le mandat de faire une douzaine d'études sur les aspects divers de l'activité de l'UDEAC. C'est de là qu'est parti l'élan d'Ambroise Foalem à donner un souffle nouveau à la structure. C'est ainsi que les divers dossiers qu'il a soumis au comité de direction, ont suscité maintes attentions avec en prime, la revitalisation de l'ISSEA et l'organisation des séminaires pour petites et moyennes entreprises de l'UDEAC. Le communiqué final du sommet des chefs d'État de l'UDEAC, fait à Brazzaville le 20 décembre 1984, donne d'ailleurs caution au secrétaire général de négocier une convention de sécurité sociale des travailleurs migrants entre l'Afrique centrale et occidentale. En somme, la philosophie de Foalem est axée sur la participation active de toutes les forces pour le progrès de la sous-région. Pour lui, l'intégration, sans cesse, doit se conquérir, s'organiser et se consolider. C'est dire qu'elle passe par la prise de conscience collective en faisant de l'individu passif et apathique un être actif et volontaire, susceptible d'imprimer son empreinte à l'espace et au temps, au lieu de subir les rigueurs d'un destin implacable et d'être le jouet des vicissitudes. Et pour obtenir la légalité de cet idéal, il conçoit un plan en vue de l'élargissement du pouvoir du secrétaire général de l'UDEAC.

2- Œuvrer pour l'élargissement du pouvoir du Secrétaire de l'UDEAC

Les attributions du secrétaire général de l'UDEAC, reconnues par l'acte n°2/65- UDEAC - 14 du 28 septembre 1965 du conseil des chefs d'État, plusieurs fois révisées, font de lui le chef du personnel du secrétariat. Ses pouvoirs sont également étendus à l'organisation de l'appareil exécutif, du comité de direction et des commissions spécialisées. L'application du traité et des décisions prises par le conseil des chefs des État lui incombe également. Mais au regard des défis réels, exprimés en terme de projets par les chefs d'État et face aux lourdeurs observées dans la réalisation desdits projets, Ambroise Foalem a souhaité que le secrétaire soit autorisé à prendre part aux cercles de décisions. Il s'agit de donner au secrétaire général, le mandat de notifier d'abord les erreurs de procédures dans l'exécution des décisions, ensuite de déterminer les causes profondes de ces mauvaises procédures enfin de saisir au plus vite la haute instance de l'Union (conseil des chefs d'État pouvant se réunir en session extraordinaire). Ceci éviterait que les écueils connus durant toute une année, ne soient évoqués, du moins officiellement, que dans le rapport d'activités du secrétariat lu à la clôture des sommets annuels.

L'un des grands obstacles à la politique de Foalem à l'UDEAC était donc le rétrécissement de son pouvoir avec comme grave conséquence, la contestation de son autorité par ses collaborateurs. C'est fort de cela qu'il s'est investi fortement à intervenir au besoin, dans tous les projets dont la réalisation était profitable à l'Union. Ainsi, il a pu obtenir la participation du secrétariat général à la négociation d'une convention de sécurité sociale des travailleurs migrants des États d'Afrique centrale et occidentale courant 1984. Également, un nouvel organigramme a vu le jour, favorable à l'allégement de la conception et de l'exécution des projets. Avec cette responsabilisation de toutes les structures, l'UDEAC pouvait s'afficher comme un pôle de développement.

3- Faire de l'UDEAC un pôle privilégié de développement de la sous-région

Toutes les analyses au sujet de l'UDEAC, depuis sa création, convergent vers la recherche d'une mise en commun des forces centrifuges aux fins de réaliser le marché commun sous-régional. C'est partant de là que les États vont réaliser ce que Paul Biya appelle : "Une interpénétration nécessaire de nos économies par la mise en commun de nos possibilités limitées et par l'exploitation rationnelle de nos complémentarité"[1].

Or, ces mots séduisants, ainsi que bien d'autres, n'ont pas tenu des promesses qu'ils ont laissées miroiter. L'intégration économique est restée un mirage, une utopie de grande ampleur. L'initiative que Foalem a obtenu de gérer le dossier des projets communautaires lors du

[1] Paul Biya, Discours d'ouverture des travaux du dix-huitième sommet de l'UDEAC, *Cameroon Tribune*, n° 2558 des 19 et 20 décembre 1982, p.3.

sommet de Brazzaville en 1984 et le réexamen des problèmes économiques immédiats[1], lui a permis de faire une étude prospective. À l'issue de cette étude, et comparativement aux orientations du Plan d'action de Lagos, un certain nombre d'axes prioritaires ont été définis, pour rendre l'UDEAC plus intégrationniste. Pour cela, il a été procédé à la mise en application du concept "industrialisation concertée". Ce programme harmonisé tient des facteurs d'homogénéité et du souci de complémentarité des industries en zone UDEAC. C'est en cela que l'horizon 2000 de l'UDEAC allait conforter les acquis du développement, en faisant de la structure, le principal pôle de développement et d'intégration de la sous-région d'Afrique centrale. Durant ses trois mandats, Ambroise Foalem s'est attelé à faire des innovations à travers des actions appréciables.

B- Les principaux pôles d'intervention de Foalem à l'UDEAC de 1982 à 1991

L'action de Foalem à l'UDEAC depuis 1982 peut être appréciée sous deux angles. D'abord, il s'est investi à mener un certain nombre d'actions palpables, ensuite il a mené des réflexions significatives en vue de la conscientisation de l'opinion sous-régionale. C'est alors qu'à son actif, on cite outre la coupe et la foire de l'UDEAC, l'harmonisation des projets industriels et des réflexions de grande ampleur.

[1]Parmi les problèmes économiques évoqués après la réunion de Brazzaville en 1984, il y avait l'arrimage du système tarifaire sous-régional au système harmonisé international, le dossier sur l'introduction de la TVA dans la sous-région, la taxe unique... .

1- la coupe et la foire de l'UDEAC : deux supports pour l'intégration sous-régionale en Afrique centrale

L'un des tournants décisifs de l'avenir de l'UDEAC, est l'année 1984. En effet, cette date est historique à plus d'un titre : la célébration par la Guinée Équatoriale du premier anniversaire de son adhésion à l'UDEAC, le retour du Tchad au sein de l'UDEAC après son retrait du 1er janvier 1969. Mais également, l'année 1984 marque le vingtième anniversaire de la création de l'UDEAC. Pour célébrer cet anniversaire et en faire un événement historique, des réflexions ont été menées sous la conduite du secrétaire général de l'UDEAC. À la suite de ces réflexions, deux manifestations majeures ont été retenues pour rendre le 20ème sommet de l'UDEAC, porteur d'histoire : la coupe de football et la foire de l'UDEAC. C'est en raison du caractère non seulement novateur, mais surtout intégrateur du football que la coupe de l'UDEAC fut instituée et mentionnée dans le communiqué final du 20ème sommet de l'UDEAC.

Le sport africain a toujours suivi la logique unitaire. Ainsi, il a toujours fait concurrence aux perspectives de repli identitaire, en ce qui concerne l'intégration régionale et sous-régionale en Afrique. L'Afrique centrale s'inscrit dans cette logique, car la dynamique sportive y a existé avant même les indépendances. La première initiative, baptisée " coupe des tropiques", réunissait les pays de l'Afrique centrale francophone (ex AEF) et Madagascar, dont la dernière édition s'était tenue à Yaoundé en 1964[1]. Par la suite, il y a eu en 1972, la coupe de l'Afrique centrale et deux éditions des jeux de l'Afrique centrale (en

---

[1] Hamad Kalkaba Malboum, "Intégration et mouvement sportif en Afrique centrale ", *Enjeux*, n° 11, avril-juin 2002, p.5.

1976 à Libreville et en 1981 à Luanda). La coupe de l'UDEAC instituée en 1984, au-delà d'une simple activité commémorative, traduit la volonté des décideurs de l'UDEAC de favoriser le brassage des peuples, leur connaissance mutuelle et leur fraternisation[1]. On comprend donc qu'avec l'avènement de la coupe de l'UDEAC, les hommes d'État et les administrateurs ont voulu associer toutes les couches sociales aux discours sur l'intégration, notamment les jeunes dont le rôle sera de parachever la parturition d'une Afrique centrale, intégrée économiquement et politiquement. C'est fort de cela que Ambroise Foalem, à l'ouverture de la coupe en 1988 soulignait : " Le sport et en particulier le football, avec cette vertu qu'on lui connaît de susciter les enthousiasmes, est le moyen par excellence de favoriser le brassage de cette jeunesse appelée à parfaire un lourd héritage"[2].

La coupe de football de l'UDEAC, bien qu'ayant été de courte durée, a constitué l'un des paramètres fondamentaux de la promotion du football en Afrique centrale[3]. Il est vrai que le sport ne fait pas partie des missions premières de l'UDEAC, mais reconnaissons qu'en dépit de son institution tardive, il a été un élément de rassemblement du peuple de la sous-région. Son annulation en 1991 au sommet de Libreville tient du fait que, le stade de Libreville où devait se jouer le tournoi, était auparavant suspendu par la CAF. La possibilité d'organiser ce tournoi à Port-Gentil et à Franceville allait

---

[1] Essama Essomba," Fraternité", *Cameroon Tribune*, n° 4281 du jeudi 08 décembre 1988.

[2] J. Tchoupa, " L'idéal d'intégration", *Cameroon Tribune*, n° 4277 du vendredi 02 décembre 1988, p.4.

[3] Essama Essomba, "Un instrument au service du football et de la jeunesse ", *Cameroon Tribune*, n°4276 du jeudi 1er décembre 1988, p.12.

entraîner un surcoût que le secrétariat général de l'UDEAC ne pouvait supporter[1].

La foire internationale de l'UDEAC, instituée à la même occasion que la coupe de football, a suscité un intérêt particulier, car elle s'est inscrite dans la logique des recommandations du Plan d'action de Lagos. Le marché commun africain à l'orée 2000, prévu par ce plan, exigeait de la part des regroupements sous-régionaux, une prise en compte des données économiques. C'est alors que la foire internationale de l'UDEAC est devenue, selon le directeur du Centre national du commerce extérieur du Cameroun, David Ebongué Soné : " Un grand carrefour d'échanges, de confrontation amicale et fraternelle, et surtout d'émulation pour nos opérateurs économiques : une meilleure connaissance des hôtes et des problèmes spécifiques et collectifs de la sous-région"[2].

En réalité, la foire internationale est devenue l'un des supports de la promotion des exportations, au même titre que la publicité, le marketing ou les missions commerciales. Elle a donc favorisé le développement des échanges dans la sous-région, en permettant aux États membres de mesurer les progrès réalisés dans la production et la commercialisation de leurs produits. De fait, elle a également permis d'évaluer l'impact de la politique commune d'industrialisation sur la production industrielle des États membres. Bien plus, elle a favorisé un meilleur contact entre opérateurs économiques de

---

[1] T. Ouatedem, " Discorde autour d'un tournoi", *Cameroon Tribune*, n° 5026 du mardi 10 décembre 1991, p.6.

[2] J. Abena Nlomo, " Le support de l'intégration économique", *Cameroon Tribune*, n° 4276 du jeudi 1er décembre 1988, p.6.

l'Union et une bonne connaissance de leurs productions[1]. En somme, la foire internationale de l'UDEAC, en dépit du fait qu'on retrouvait les mêmes produits dans les stands des pays membres, a constitué un instrument efficace, utile pour l'intégration des économies sous-régionales. Pour y parvenir, une harmonisation des politiques industrielles était nécessaire ; d'où l'engagement d'Ambroise Foalem à revitaliser les projets communautaires.

2- La revitalisation des projets d'industrialisation communautaires et la recherche des financements

À l'issue de l'étude menée sur l'évolution de l'UDEAC après la première décennie d'existence, on a procédé, en 1975, à la répartition des industries à implanter dans la sous-région. Cette répartition n'ayant pas fait l'objet d'une étude préalable, certaines industries n'ont pas été implantées ; c'est le cas de l'industrie communautaire des produits pharmaceutiques en RCA. Le sommet de Brazzaville, en 1984, ayant donné mandat au secrétaire général de se pencher sur le délicat dossier des projets communautaires, Ambroise Foalem en a fait son cheval de bataille. Il a instruit et dirigé une opération d'étude des conditions de faisabilité et de rentabilité de tous ces projets. C'est alors que l'industrie communautaire des produits pharmaceutiques, selon lui, présentait de nombreux atouts. Il s'agissait d'abord de réaliser un projet longtemps oublié, ensuite d'avancer d'un pas dans la mise en œuvre des résolutions de Brazzaville enfin de faire de la RCA (pays intérieur sans ouverture sur la mer) un pôle fondamental de l'intégration économique.

---

[1] J. Tsanga Abanda, *Cameroon Tribune*, n° 4276 du jeudi 1er décembre 1988, p.6.

Dés lors, il a été mis sur pied une mission, dirigée par le secrétaire général de 1'UDEAC et chargée de collecter des informations au sujet de cette industrie. Après l'acceptation du projet à la réunion de juillet 1988 et ratifié par le conseil des chefs d'États en décembre de la même année, mandat a été donné au secrétaire général de chercher le financement[1]. Une nouvelle mission a été très vite mise en place pour sensibiliser les opérateurs économiques et mieux les intéresser. Mais, il se dégage de cette analyse que, de la conception d'un projet jusqu'à sa réalisation, le chemin est long. Ceci traduit incontestablement l'absence d'engagement politique réel des leaders de la sous-région. Au-delà des discours des chefs d'État reprenant quelques exploits de l'UDEAC, il est à noter que les économies des pays membres sont restées extraverties et fragilisées. Cette fragilité s'est accrue avec la crise économique de la décennie 1980. En session ordinaire à Yaoundé en décembre 1988, les chefs d'État des pays membres de l'UDEAC ont lancé un vibrant appel à l'endroit des pays du Nord. C'est alors qu'ils ont signé la " déclaration de Yaoundé" pour un nouvel ordre économique mondial, plus juste et solidaire. Cet état peu confortable de l'Union a donc inspiré Ambroise Foalem. Il s'est donc engagé dans la voie de la sensibilisation des décideurs de la sous-région à travers des discours aux concepts profonds.

[1] Voir communiqué final de la 24ème session de l'UDEAC, *Cameroon Tribune*, n° 4282 du vendredi 09 décembre 1988, p.8.

3- De la déconnection à la nouvelle stratégie d'intégration : un engagement prophétique de Foalem

L'environnement international de la décennie 1980 et les contraintes structurelles (PAS...) imposées aux pays du Sud par les pays du Nord constituent un élément explicatif de la mobilisation des chefs d'État de l'UDEAC. Le retard économique des pays du Sud et l'avènement de l'Europe des douze ou du marché unique européen inquiétaient et incitaient les dirigeants d'Afrique centrale à la mobilisation et à la concertation[1]. C'est ce qui explique le concept " nouvelle stratégie d'intégration" qui s'articulait autour du respect des programmes de développement sectoriel (coton, pétrochimie, produits vivriers, café et cacao), de l'intégration des compagnies nationales de transport aérien etc. Cette stratégie nouvelle n'est autre qu'une de plus, avec une grande prétention d'engagement politique. Face à cet environnement défavorable pour le Sud, Ambroise Foalem a adopté une méthode qui tenait du fait que l'UDEAC pouvait être " une cible pilote". La définition d'un horizon commun lui paraissait être plausible pour distiller les effets pervers d'un environnement économique sans bénéfice d'inventaire. L'une des raisons visibles est la morosité de la balance commerciale (toujours déficitaire) car les pays du Sud sont essentiellement producteurs des matières premières et importateurs des produits manufacturés. À ce titre, il s'est dégagé un constat simple : les pays du Nord s'intéressent davantage aux pays d'Asie tels que la Malaisie et l'Indonésie (en matière de production de cacao et de café),

---

[1] Lire le discours de clôture du 24ème sommet de l'UDEAC prononcé par Paul Biya, *Cameroon Tribune*, n° 4281 du jeudi O8 décembre 1988, p.7. (Voir aussi Annexes).

au détriment des pays du Sud. C'est ainsi que, progressivement, la déconnexion des pays du Sud allait s'opérer. En conséquence, de proche en proche, l'Afrique centrale sera marginalisée, des conflits vont éclater partout.

Le concept "déconnexion" employé par Ambroise Foalem tient son origine de Samir Amin qui, longtemps avant, prenait position en faveur d'une déconnexion consciente et volontaire des pays du Sud. Mais à la différence de Samir Amin, Ambroise Foalem parle d'une déconnexion qui sera imposée par le Nord. L'option d'une réelle intégration s'imposait car selon ce dernier, "le jour où nous serons déconnectés définitivement, il faudra trouver en nous-mêmes, la force et l'énergie nécessaires pour opérer la grande mutation sans laquelle il ne sera pas de survie possible pour l'Afrique". Il propose ainsi une démarche consensuelle, à l'effet de réduire les graves répercussions du déséquilibre des échanges sur les économies de l'Afrique centrale. Dans cette logique, il reprend le concept de nouvelle stratégie d'intégration auquel il a attribué un contenu axé sur trois modules : d'abord une véritable union douanière, ensuite une véritable union économique et enfin une véritable intégration. L'intégration, alors stade ultime de l'UDEAC, prendra en compte la formation des jeunes à la citoyenneté sous-régionale, la défense des frontières communes aux États membres et la diplomatie pour sceller la solidarité. La politique générale d'Ambroise Foalem au secrétariat général de l'UDEAC était donc faite de discours riches. Les vœux qu'il a émis dans ses discours et ses entretiens prouvent sa détermination à rendre l'UDEAC dynamique. Ces vœux ont alimenté des débats après 1991, ceci jusqu'à la création de la CEMAC. Voilà pourquoi cet engagement revêt un caractère prophétique après neuf années de travail en vue de créer une synergie sous-régionale. Cette immense ambition nécessitait pour sa réalisation, une adhésion tous azimuts des leaders de la sous-région. Cette œuvre de restructuration de l'UDEAC sera continuée par Thomas Dakayi Kamga.

CHAPITRE IV

THOMAS DAKAYI KAMGA OU L'HOMME DE LA TRANSITION (1991-1998)

Avec les difficultés économiques, politiques et institutionnelles des pays de l'Afrique centrale à la fin de la décennie 1980, le processus d'intégration a été retardé[1]. Les économies des pays membres de l'Union, en régression, ont nécessité l'intervention des structures internationales pour leur redressement[2]. En conséquence, l'idéal communautaire d'intégration sous-régionale a suscité peu d'attention de la part des autorités nationales. C'est donc dire que Thomas Dakayi Kamga arrive à un moment où l'UDEAC est en perte de vitesse. Néanmoins, son profil, doté d'une bonne expertise, lui a permis d'engager le processus de redressement de l'UDEAC par le passage de l'Union à la Communauté.

I- Profil de l'homme et situation de la structure dès 1991

L'engagement ferme de Thomas Dakayi Kamga en faveur du redressement de l'UDEAC tient du fait que l'environnement socioculturel et économique qui l'a

---

[1]Ce retard s'explique surtout par le non respect des conventions communes, la consolidation des égoïsmes des États membres de l'UDEAC, accentuée par la crise économique généralisée qui a secoué toute l'Afrique à cette période.

[2]Le redressement pensé par la communauté internationale devait s'articuler autour des plans d'ajustement structurels, proposés par les bailleurs de fonds et les créanciers des États africains, ainsi que par l'application du Programme indicatif régional prôné par la Commission européenne.

entouré à la naissance, lui a donné les moyens de sa politique. Fort de cet atout et en dépit de la conjoncture de l'année 1990, il hérite certes d'une union rendue souple et vulnérable, mais s'investit à la restructurer.

A- Naissance et profil de l'homme

Il est judicieux ici de présenter le cadre de naissance du personnage, ensuite de retracer son parcours scolaire et universitaire et enfin d'analyser les facteurs déterminants de sa nomination.

1- Cadre de naissance

Thomas Dakayi Kamga est né le 06 décembre 1944 à Bandja, dans le département du Haut-Kam (région de l'Ouest). Il quitte très jeune son village où l'activité principale est l'agriculture (maïs, haricot, plantain...) et le petit commerce. Loin du brassage ethnique que constitue son village, il s'est socialisé avec le monde et a noué ses premières relations à travers les différents milieux où il a fait ses études[1]. II a vécu tour-à-tour à Mbanga, à Bafang, à Yaoundé puis à Douala, avant d'aller en France pour ses études supérieures.

2- Profil de l'homme

Le jeune Thomas Dakayi Kamga entame ses études primaires à la mission catholique de Mbanga où il obtient le CEPE en 1955[2]. Par la suite, il entre au collège St Jean de Mbanga puis au collège St Paul de Bafang. C'est alors qu'il quitte Bafang pour le Collège Vogt à Yaoundé où il

[1]Nkendem Forbinake, " Dakayi Kamga: integrationist to the Core", *Cameroon Tribune*, n° 2826 du jeudi 12 février 1998, p. 5.
[2] Lire *Cameroon Tribune*, n° 5025 du lundi 09 décembre 1991, p.4.

obtient en 1961, la première partie du Baccalauréat. En 1962, il entre au collège Libermann à Douala où il obtient, avec bonne mention, le Baccalauréat en Mathématique. Dès lors, commence un nouveau périple qui le conduit en France, où durant deux années, il se consacre à la préparation aux concours d'entrée dans les grandes écoles de formation. À l'issue de cette préparation, il réussit aux concours d'entrée à l'École des mines de Nancy et à l'École centrale de Paris. II opte pour l'École centrale d'où il sort ingénieur des arts et manufactures en 1967[1]. Il retourne par la suite au pays, pour servir sa nation et contribuer à son développement.

3- Les indices probables de sa nomination

Étant donné la discrétion qui entoure la nomination à une aussi grande échelle, nous nous sommes proposés de retracer le parcours professionnel du personnage. Ce parcours nous semble être un judicieux élément d'explication et de compréhension de son choix. Ainsi, en juillet 1968, il entame sa carrière à la Société d'énergie électrique du Cameroun (ENELCAM). II est ensuite nommé ingénieur au chantier du barrage de Mbakaou, puis contrôleur électromécanicien au barrage d'Edéa III. En février 1971, il est nommé ingénieur d'études et des travaux à la direction technique. Chef du service technique auprès de la direction générale, il participe aux travaux du barrage de Bamedjin, à l'extension d'Edéa III et à la surélévation de Mabao. En 1974, suite à la fusion d'ENELCAM et d'Électricité du Cameroun, la Société nationale d'électricité (SONEL) est créée et il occupe le poste de directeur général adjoint. De 1980 à 1985, il est

---

[1] Papa Boubacar Samba, Gilbert Tchomba, "Cameroun : nouveau plan de vol pour la Camair ", *Jeune Afrique Économie*, n° 352, décembre 2003-janvier 2004, p.37.

ministre de l'équipement. Il retourne ensuite à la SONEL où il est resté jusqu'en 1988, date à laquelle il est nommé directeur général de la Société camerounaise des sacheries (SCS). Ce poste est le dernier, avant sa nomination en décembre 1991 au secrétariat général de l'UDEAC[1]. Ce parcours riche nous paraît inéluctablement édifiant pour expliquer son choix. Un autre préalable explicatif de son choix peut être la conjoncture socio-économique de 1990, car l'UDEAC à cette période, fait face à de grandes difficultés.

B- La situation de l'UDEAC en 1990

L'Afrique centrale en 1990 faisait face à une crise sans précèdent, ayant contraint les États à surseoir à leurs vœux pieux de construire un espace sous-régional intégré. En conséquence, les pays membres de l'UDEAC se sont retrouvés dans l'impossibilité d'honorer leurs engagements financiers vis-à-vis de la structure. Ceci explique la fragilité des organes de l'Union ainsi que le piétinement du processus d'intégration.

1- L'UDEAC : une structure en faillite consécutive au non-paiement des contributions par les États membres

En dépit des projets séduisants et des engagements à demi-teinte des dirigeants de la sous-région à l'issue du sommet de Lagos de 1980, le processus d'intégration a stagné. La santé flottante de l'économie des pays d'Afrique centrale frôlait même le seuil zéro, anéantie par le contexte international crispé des années 1990. L'UDEAC, meurtrie

[1] Lire le communiqué final du vingt-septième sommet de l'UDEAC, *Cameroon Tribune*, n° 5026 du mardi 10 décembre 1991, p.7.

et délaissée[1] par les chefs d'État au 26ème sommet de Brazzaville de 1990, exigeait un examen minutieux. Cette rencontre, baptisée celle du sursaut et de la dernière chance par le général Denis Sassou Nguesso[2], a permis d'initier les projets d'institution d'une Taxe sur la valeur ajoutée (TVA), de relance du fonds de solidarité en faveur du Tchad et de la RCA. Un an plutard, au sommet de Libreville de décembre, Omar Bongo, alors Président en exercice de l'UDEAC, s'exprimait en ces termes : "notre session se trouve être une session de sauvetage, de crise et d'austérité "[3]. Ces propos traduisent à suffisance la mauvaise santé de l'Union ; ce qui a hypothéqué son avenir. L'un des points d'ancrage de cette hypothèque est le montant élevé des arriérés de cotisation des États membres. Par exemple, au 07 novembre 1991, ils s'élevaient à quatre milliards six cent trente neuf millions huit cent quarante neuf mille deux cent soixante quatorze francs CFA répartis ainsi qu'il suit : Guinée Equatoriale, deux milliards sept cent trente millions cinq cent vingt-et-huit mille neuf cent quatre-vingt-et-quinze francs CFA ; Cameroun, trois cent vingt-et-sept millions trois cent soixante onze mille sept cent cinquante six francs CFA ; Congo, trois cent vingt-et-six millions cinq cent soixante seize mille cent cinquante huit francs CFA. Le Gabon quant à lui, avait des arriérés de l'ordre de cent quarante

[1] On a pu constater que, de moins en moins, les chefs d'État assistaient aux sommets de l'UDEAC. Par exemple, au sommet de Brazzaville de 1990, seuls les Présidents congolais et gabonais, étaient présents.

[2] Lire l'article anonyme, "Le 26ème sommet de l'UDEAC : plaidoyer pour la survie ", *Cameroon Tribune*, n° 4788 du mardi 18 décembre 1990, p.18.

[3] T. Ouatedem, "Vingt-septième sommet de l'UDEAC : le sauvetage au pas de course ", *Cameroon Tribune*, n° 5026 du mardi 10 décembre 1991, p.5.

trois millions cinq cent quarante et huit mille trois cent quatre-vingt-dix-sept francs CFA et la RCA, soixante un millions sept cent soixante deux mille cent quatre-vingt-dix-sept francs CFA[1]. À la même date, les dettes du secrétariat général s'élevaient à près de deux milliards de francs CFA. On comprend donc que l'UDEAC, entre 1988 et 1993, ne pouvait pas remplir ses missions. Les chefs d'État membres ayant préféré se pencher sur des problèmes internes inhérents à chacun de leur pays, l'option d'une intégration toujours souhaitée, était laissée en suspend. Ceci illustre le début de la faillite de l'Union dont l'étape suivante est l'extrême fragilité de ses organes.

2- La fragilité conséquente des organes de l'UDEAC

Le secrétariat général de l'UDEAC a été fragilisé à l'issue des diverses crises économiques, politiques et institutionnelles qu'ont connues les pays de la sous-région. L'incapacité à régler à temps les diverses factures, l'impossibilité d'honorer le paiement régulier des salaires du personnel témoignent de l'état de délabrement de l'Union et à ce titre, handicapent l'UDEAC. Cet état de la structure a suscité des analyses, notamment celle de Thierry Vincent pour qui : "criblé de dettes, incapable de régler en temps et en heure ses communications téléphoniques, le secrétariat général de l'UDEAC n'a plus ni fax, ni téléphone..."[2]. Face à ces déboires dans la démarche du processus déclenché certes en 1964, mais jamais réussie, des chefs d'État présents au sommet de Libreville en 1991, vont de nouveau prendre des mesures

---

[1] T. Ouatedem, "Vingt-septième sommet de l'UDEAC : les maux et les remèdes ", *Cameroon Tribune,* n° 5026 du mardi 10 décembre 1991, p. 6.

[2] T. Vincent, " UDEAC : intégration régionale en panne", *Jeune Afrique Économie*, n° 164, février 1993, p.84.

complémentaires. Elles visent toutes à assurer une adéquation entre le niveau réel de la structure et les moyens financiers qui sont concrètement dégagés. Mais en attendant que ces mesures soient effectives, on a noté le piétinement dans le processus d'intégration en Afrique centrale.

3- Le repli sur soi des pays membres et le piétinement du processus d'intégration

Avec les difficultés que connaît l'Afrique centrale, l'UDEAC cesse d'être le cadre privilégié de coopération dynamique en vue de la promotion d'un développement endogène autocentré dans l'intérêt de tous. Les pays membres semblent essoufflés et les chefs d'État le prouvent à travers leur absence aux rendez-vous annuels de l'UDEAC. C'est alors que s'installe la contradiction entre les objectifs de l'Union et l'engagement réel à atteindre ses objectifs. Daniel Mbarga Nyatte parle de "l'absence d'une citoyenneté de la communauté", au profit d'une introversion des politiques de développement. En conséquence, on observe un repli sur soi de chaque pays, s'investissant à résoudre les problèmes de revendications identitaires internes. Le processus d'intégration s'est trouvé altéré par des carences énormes dans la réalisation des projets communautaires. Les frontières se sont raffermies et sont devenues plus hermétiques et la confiance entre les ressortissants, s'est estompée. La nécessité de décloisonner l'espace sous-régional a cédé au statut quo[1]. Le processus piétine, alors que des nationalismes de plus en plus vigoureux naissent. L'UDEAC est donc paralysée ; d'où l'engouement des chefs d'État à la restructurer entièrement

[1] Lire M. L. Ropivia, " Les contradictions du processus d'intégration en Afrique occidentale et centrale", *Enjeux*, n° l, octobre- décembre 1999, p.4.

afin de matérialiser la libre circulation des personnes et d'harmoniser les systèmes douaniers ou la politique des transports. C'est en somme, une structure en quête de ses marques, que Thomas Dakayi Kamga dirige à partir de 1991. Là, un impératif s'exige : sauver et redresser l'UDEAC, élaborer les bases de la future CEMAC.

II- Sauver et redresser l'UDEAC : une mission et un impératif pour Thomas Dakayi Kamga

Le contexte international de la décennie 90 est un facteur tangible pour expliquer le redéploiement des chefs d'État de l'UDEAC. Il fallait envisager l'horizon 2000 et faire face aux exigences des organismes internationaux. C'est alors que, sur recommandation des chefs d'État au sommet de Libreville de 1991, l'idée d'une restructuration était salvatrice[1]. Thomas Dakayi Kamga s'est attelé à cette recommandation et a élaboré les bases de la future structure à travers de multiples reformes.

A- La mission réelle de Thomas Dakayi Kamga

L'UDEAC en 1990 est démantelée par les difficultés de tous ordres. Face à la difficulté de l'UDEAC à réaliser son principal objectif, les États se sont démobilisés. La mission de Thomas Dakayi Kamga était donc de redynamiser l'UDEAC, de restructurer le secrétariat général et de lancer le projet de création d'une communauté économique et monétaire.

[1] Lire le communiqué final du vingt-septième sommet de l'UDEAC, *Cameroon Tribune,* n°5026 du mardi 10 décembre, 1991, p.7.

1- Redynamiser la structure par l'élaboration des reformes fiscalo-douanières

L'UDEAC à sa création avait de grandes ambitions qui se sont avérées largement au dessus des capacités réelles des États. La libre circulation des personnes et des biens tant espérée, ne s'est pas concrétisée réellement. Les projets communautaires dans l'ensemble n'ont pas été définitifs. À ces difficultés, il faut ajouter l'étroitesse des marchés, l'extraversion ou le manque de complémentarité des économies et surtout les difficultés conjoncturelles de la décennie 1980. Les États d'Afrique centrale, sous le choc de la démocratisation de 1990, vont chacune par rapport à sa spécificité, privilégier la résolution des problèmes internes. Or, les exigences de la même époque se greffaient autour de la relance de l'intégration à travers des cercles restreints de solidarité. Face à l'ampleur de la menace de la non-action sur l'avenir de la sous-région, il était nécessaire d'envisager la redynamisation de la structure. Cette redynamisation, pour être efficace, devait être orientée vers l'analyse des difficultés. C'est en cela que Thomas Dakayi Kamga peut justifier son action au début de son mandat à l'UDEAC. Ce bilan de la santé de l'UDEAC a conditionné toutes les autres actions qu'il a entreprises, notamment la révision du mécanisme d'établissement de l'union douanière. Il s'est agi pour le secrétaire général, de mener des actions prescrites dans le plan d'action du secrétariat de l'UDEAC, courant 1996-1997 à savoir :

- suivre le processus d'évolution de la TCA vers la TVA, objectif ultime pour cette taxe ;

- activer la préparation des administrations douanières nationales au passage de la valeur de Bruxelles à la valeur de l'OMC en l'an 2000 ;

- éditer le code des douanes et vulgariser les textes par des guides et des circulaires.

En définitive, les reformes fiscales et douanières entreprises plutard, sont l'une des résolutions issues de l'étude-bilan de la structure. Un bilan qui, sur le plan financier, était négatif. Pour s'arrimer à l'état des caisses de l'UDEAC, une restructuration du secrétariat général était envisagée.

2- Restructurer le secrétariat général de l'UDEAC

La crise financière aiguë que connaît l'UDEAC au début de la décennie 1990, demeure la raison fondamentale pour laquelle la restructuration du secrétariat était envisagée. Face à cette crise, deux aspects dans le mode de fonctionnement de l'Union ont été revus ; d'abord les dépenses et ensuite les recettes. S'agissant des dépenses, le coût du fonctionnement de l'Union a été réduit. Aussi, les effectifs ont-ils été réduits, de même que certains avantages et coûts. Le budget de l'Union a également été réduit de l'ordre de 50%[1].

Au niveau des recettes, le système de contribution égalitaire, s'est avéré inefficace. Il fallait donc penser à un autre moyen de recouvrement des recettes de l'Union, sans avoir à recourir aux trésors publics nationaux. Au demeurant, la restructuration du secrétariat général était un

---

[1]Thomas Dakayi Kamga, interview accordée à *Cameroon Tribune*, n° 5748 du mardi 20 décembre 1994, p.7.

préalable pour la relance de la structure. La baisse considérable du montant du budget, la réduction des effectifs, bref la restructuration profonde du secrétariat a conféré au secrétaire général, quelque pouvoir pour élaborer les bases de la Communauté économique et monétaire de l'Afrique centrale. Les reformes fiscales et douanières auxquelles les réflexions sont parvenues, ont matérialisé l'un des volets de l'action de Dakayi Kamga à l'UDEAC.

B- Les œuvres de Thomas Dakayi Kamga à l'UDEAC

L'œuvre de Thomas Dakayi Kamga s'est inscrite dans la logique du Programme régional de reformes, adopté à l'initiative des chefs d'État. C'est dans le cadre de ce programme que des mesures fiscales, douanières et des nouveaux moyens de financement de la structure ont été élaborés.

1- Les reformes fiscalo-douanières entreprises

L'ensemble des reformes fiscalo-douanières a consisté en l'harmonisation des transactions douanières. Avec l'appui du FMI, de la Banque mondiale, de l'Union européenne et de la France, un certain nombre de mécanismes mis en place, allaient favoriser une libre circulation mais réglementaire des personnes et des biens. Ces reformes concernaient entre autres les réglementations sur la concurrence, la charte des codes de la route et de la navigation maritime, les dispositions relatives au secteur des assurances. Dans le même cadre, des conventions ont été signées telles que la convention d'assistance administrative mutuelle. En vertu de cette convention, la contrebande et les infractions douanières dans les transactions entre les États devaient être réprimées. Par ces mesures, la voie était ouverte à l'harmonisation et à l'uniformisation de l'espace économique sous-régional. Ce succès marque une volonté remarquable des États à bâtir un espace où les économies, par le jeu de la planification des droits de douanes, devaient se compléter. La taxe sur le chiffre d'affaires ou la taxe communautaire sont quelques moyens mis en place pour faciliter cette harmonisation douanière.

2- La taxe sur le chiffre d'affaire et la taxe communautaire

Avec les reformes de 1994, le Tarif extérieur commun (TEC) a été réaménagé. Une Taxe sur le chiffre d'affaires intérieure (TCA) a été instaurée. Face à l'inefficacité de cette taxe, elle est remplacée en 1999 par la Taxe sur la valeur ajoutée, au taux unique de 18%. La plus grande rénovation de l'UDEAC/CEMAC à travers ces reformes, a été l'autonomie de la structure à financer ses activités. C'est alors que la Taxe communautaire d'intégration (TCI) a été instituée. Le taux de celle-ci est de 1% des recettes d'importation de tous les produits en provenance des pays tiers. Les liquidités issues de cette taxe constituent le fonds de développement de la communauté, qui supporte le fonctionnement du secrétariat exécutif et le financement des projets intégrateurs. Par exemple, la réalisation des "colis d'or" Douala-N'Djamena-Bangui, en projet, sera entièrement financée par ce fonds, qui malheureusement, connaît de graves problèmes dans sa mise en œuvre effective. En somme, l'action de Thomas Dakayi Kamga a tourné autour d'une restructuration et d'une redynamisation de l'UDEAC. Il lui incombait aussi la responsabilité d'élaborer les bases de la nouvelle structure (CEMAC) en compagnie du comité des experts, mandaté par les chefs d'État. Le maintien en vie de l'UDEAC et la création de la

CEMAC, estime Thomas Dakayi Kamga, sont des preuves de bonne performance. Mais surtout, cette performance est mieux celle du secrétaire général, que celle de la structure, car le bilan général de l'UDEAC après trente ans d'existence, est très mitigé.

En définitive, l'œuvre de Thomas Dakayi Kamga a consisté au-delà des reformes, à concevoir le cadre dans lequel la CEMAC allait s'exercer. Il s'est agi à l'heure de la confrontation des grandes valeurs, de surmonter définitivement les sempiternelles crises politico-économiques de la décennie 1980. Le mouvement progressif de concertations, déclenché à cette fin, a ouvert la perspective préconisée par le Plan d'action de Lagos en 1980 et complété par le Traité d'Abuja de 1991.

TROISIÈME PARTIE :

BILAN ET PERSPECTIVES DE LA GESTION DU SECRÉTARIAT GÉNÉRAL DE L'UDEAC DE 1982 À 1998

L'Union douanière et économique de l'Afrique centrale a eu un grand mérite : celui de réunir tous les mois de décembre les chefs d'État. À l'issue de ces rencontres, des conventions, des nouveaux projets, des résolutions diverses étaient arrêtées. Jamais ces projets n'ont été réalisés dans les délais requis, à défaut de demeurer de simples formalités lors des sommets. C'est donc comprendre que l'UDEAC a imparfaitement atteint sa mission. L'analyse succincte des textes régissant son fonctionnement, confrontée à la réalité des faits, nous fait dire que la secrétaire général n'a été qu'un gestionnaire du personnel. Son rôle et ses attributions définis par acte n° 10/66-UDEAC-59 du 13 décembre 1966, confirme qu'il n'a ni pouvoir, ni autorité de décider sur la politique générale de l'Union. Son pouvoir s'est limité aux mutations et quelques nominations au secrétariat. En conséquence, l'UDEAC, parvenue à sa 30ème année, apparaît essoufflée. Son bilan, très mitigé, fait ressortir outre quelques modiques exploits, une forte propension des États à s'autonomiser.

CHAPITRE V

LE CAMEROUN ET L'UDEAC/CEMAC : DU MUTISME AU RENONCEMENT FACE À LA PROBLÉMATIQUE DE LA LIBRE CIRCULATION DES PERSONNES ET DES BIENS

Les flux migratoires apparaissent comme un phénomène constant dans la sous-région d'Afrique centrale. Aujourd'hui et plus qu'hier, les mouvements et mobilités des hommes et biens, en nette croissance, semblent effacer les démarcations territoriales, c'est-à-dire les frontières. Cette dynamique, qu'elle soit légale ou non, rend compte de ce que la frontière est moins une barrière infranchissable qu'une voie de transit, facilement accessible. L'actualité de la problématique de la libre circulation des personnes et des biens en zone CEMAC, les débats et autres interprétations qu'elle suscite, les fréquents incidents qu'elle inaugure aux frontières des États membres, exigent qu'il lui soit consacrée une analyse.

I- Explication juridique du mouvement migratoire en Afrique centrale

À la fin de la seconde guerre mondiale, le besoin de reconfigurer le monde et l'urgence de concevoir un cadre de vie multinationale où les hommes devraient se mouvoir plus aisément, s'imposait. Cette logique, reprise par l'ONU, est contenue dans la Déclaration universelle des droits de l'Homme. Admise comme droit, la libre circulation des personnes et des biens a été validée au sein de la zone CEMAC, dans le cadre de la construction d'un espace intégré.

A- Le contenu de la Déclaration universelle des droits de l'Homme

Le 26 juin 1945, à la fin de la conférence des Nations unies sur l'organisation internationale, est signée à San Francisco, la charte des Nations unies. Entrée en vigueur le 24 octobre 1945, cette charte se propose de créer des conditions de vie, de sorte à préserver la paix en promouvant le développement socio-économique des Hommes. Le contexte de cette époque, marquée par la bipolarité et les agressions psychologiques, morales, ont sans doute contraint la communauté internationale, à tenir pour sacrée la dernière attribution sus-citée.

La Déclaration universelle des droits de l'Homme, proclamée par l'Assemblée générale des Nations unies le 10 décembre 1948, se conçoit comme un "idéal commun à atteindre par tous les peuples et toutes les nations..."[1]. L'idée générale contenue dans cette introduction est reprise à l'article premier qui reconnaît en l'homme des droits sacrés en ces termes : "tous les êtres humains naissent libres et égaux en dignité et en droits. Ils sont doués de raison et de conscience et doivent agir les uns envers les autres dans un esprit de fraternité"[2]. Ces droits, reconnus à tout citoyen du monde, sont étendus dans la même Déclaration notamment aux articles 13 et 14. Alors que l'alinéa 1 de l'article 13 stipule que "toute personne a le droit de circuler librement et de choisir sa résidence à l'intérieur d'un État ", l'article 14, quant à lui, conclue que "devant la persécution, toute personne a le droit de

---

[1]Cf. Introduction de la Déclaration universelle des droits de l'Homme.
[2]Ibid. Article premier.

chercher asile et de bénéficier de l'asile en d'autres pays". La conclusion qui se dégage de l'analyse des dispositions de ce document est que l'ONU, par cette déclaration, a reconnu aux hommes le droit d'émulation à l'intérieur des entités nationales ou sous-régionales.

Il est certes vrai que dans le cadre spécifique des États africains avant l'indépendance, la frontière était vécue comme une simple ligne imaginaire facilement transgressable, mais il est honnête de reconnaître que l'ONU, sans forcément encourager ces mouvements non nouveaux, les a légitimés par-dessus les autorités étatiques. Toutefois, il demeure prouvé qu'après les indépendances acquises pour la plupart en 1960, l'OUA a solennellement confirmé l'intangibilité des frontières coloniales en l'annonçant trois fois dans sa charte ; dans le préambule de cette charte, dans l'article 2 alinéa 3 et dans l'article 3 alinéa 3. Le maintien de ces frontières importées et tracées par des acteurs extérieurs et lointains[1], autrement désignées sous la formule romaine de *l'Utis Possidetis*[2], s'est érigé en dogme. L'adoption de ce principe présente une double portée : positive et négative. Positivement, il implique l'acceptation des découpages territoriaux. Négativement, le principe de *l'Utis Possidetis* induit la fermeture des frontières car les États les considèrent comme un module de souveraineté. Considérée comme telle, la frontière entre clairement en contradiction avec le principe édité par l'ONU. Le point de rupture de cette dynamique manichéenne dans la conception des frontières

---

[1]K. Bennafla, " La fin des territoires nationaux, État et commerce frontalier en Afrique centrale ", *Politique Africaine,* n° 73, mars 1999.

[2] Dans sa version latino-américaine, cette formule s'énonce comme étant le principe suivant lequel les anciennes frontières constituent les frontières des nouveaux États indépendants.

en Afrique puise ses fondements dans les efforts d'intégration, notamment en Afrique centrale.

B- La libre circulation des personnes et des biens : un idéal communautaire reconnu par plusieurs États

La libre circulation des personnes et des biens est l'un des principes structurateurs du défi d'intégration graduelle, issu de la confrontation entre les groupes de Casablanca et de Monrovia[1]. Ce défi s'est articulé autour de l'ouverture des frontières dont la finalité a été de réaliser une intégration régionale nécessitant l'adhésion de tous les États.

1- Le souci de construire un espace régional intégré

La décolonisation et l'émergence des nouveaux États en 1960 ont inéluctablement déclenché une vague de relations, tissées sur les bases continentales (OUA) ou sous-régionales (UDEAC/CEMAC). En Afrique centrale, l'UDEAC, cadre de référence de l'intégration sous-régionale, voit le jour le 08 décembre 1964 à Brazzaville. Structure de coopération, elle est fondée sur la conviction de ses membres à réaliser au plus vite une réelle intégration. Cette volonté collégiale des chefs d'État de la sous-région d'Afrique centrale s'est traduite par une disposition juridique très appréciable du Traité instituant

---

[1] La signature de la charte de l'OUA le 25 mai 1963 à Addis-Abeba par 30 chefs d'État et de gouvernements africains, est l'aboutissement d'un long processus marqué par une lutte intense entre deux groupes diamétralement opposés. Le premier est le groupe de Casablanca, conduit par Nkrumah qui voulait un gouvernement continental africain fédéral ou confédéral. Le second groupe, celui de Monrovia, conduit par Houphouët-Boigny, soutenait plutôt la création d'organismes régionaux qui graduellement, devaient poser les jalons de l'unité africaine.

l'UDEAC. À l'article 27, le Traité stipule que les pays membres constituent un seul territoire à l'intérieur duquel la circulation des marchandises, des biens et services, est libre.

Le principe de la libre circulation des personnes et le droit d'établissement s'inscrivent donc dans ce vaste cadre, qui est aujourd'hui dominé par un élément psychologique[1]. La reconnaissance juridique de ce principe est contenue dans l'article 63 du Traité de l'UDEAC et dans l'article 40 du Traité instituant la CEEAC. Il peut être reconnu la manière lapidaire et furtive par laquelle ce principe, pourtant nécessaire à la construction de l'intégration, est mentionné dans la charte. Mais il y a un mérite à reconnaître à plusieurs égards car la libre circulation, restée plus théorique que factuelle, a tout de même fait tomber tous clichés et stéréotypes et engendrer un transit informel.

De l'UDEAC à la CEMAC, il n'y a pas eu rupture. La CEMAC s'inscrit ainsi dans la continuité d'une œuvre d'uniformisation des espaces économiques, pensée en 1964. Le Traité de la CEMAC, signé le 16 mars 1994 à N'Djamena, insiste également sur la libre circulation des personnes et autres facteurs de production. En effet, dans le préambule l'instituant, plusieurs éléments pertinents justifient la prise de position en faveur de la libre circulation. La charte constitutive de la CEMAC, notamment l'acte relatif à l'Union économique d'Afrique centrale (UEAC) met clairement en place la libre circulation. L'article 2(C) de cet acte cite parmi les objectifs prioritaires à atteindre par l'union, la création

[1] Lire à propos, J.-C. Tcheuwa, " Brèves réflexions sur la libre circulation des personnes et la citoyenneté dans la CEMAC", *Cahier africain des droits de l'homme*, n° 6-7, mars 2002, p.159.

d'un marché commun fondé sur la libre circulation des biens, des services et des personnes.

Au demeurant, le concept de la libre circulation contenu dans les principaux textes géniteurs des organisations ayant existé en Afrique centrale, témoigne du souci des chefs d'État de construire un espace intégré. À côté des dispositions d'ordre général, les États membres de la CEMAC ont élaboré et reconnu comme "droit" ces dispositions devant être contenues dans leurs constitutions.

2- Circuler librement en zone CEMAC : un droit reconnu par plusieurs États

La circulation des personnes, contenue comme "droit" dans la charte instituant la CEMAC, n'est exécutoire que lorsque chaque État membre l'inclut dans sa loi fondamentale. C'est dire que la mobilité des populations en Afrique centrale doit répondre à la fois à la volonté exprimée au sein de l'UDEAC et à son application à travers les constitutions des États. Bien que certaines soient muettes, on trouve dans d'autres des éléments qui renvoient à la libre circulation. Au nombre des constitutions muettes, on peut citer la constitution gabonaise du 26 mars 1991 qui ne fait mention ni de la nécessité de la libre circulation, ni de l'urgence de la construction de l'intégration sous-régionale. Ce mutisme pourrait, du moins partiellement, expliquer l'attitude de l'État du Gabon, plus voué à la logique de leadership (donc de contestation) et porté à la xénophobie. C'est pourquoi Narcisse Mouellé Kombi affirme :

> Yaoundé déplore, par exemple, qu'en marge des règles de l'UDEAC, le Gabon applique, en matière de circulation des personnes et des biens, sa propre réglementation et

soumet à une taxation exorbitante les ressortissants camerounais[1].

Il faut cependant consulter le préambule des constitutions tchadienne (article 218) et centrafricaine (article 67) pour repérer quelques indices. Il s'agit selon Jean-Claude Tcheuwa, des indices qui placent l'Homme au centre de la coopération régionale. C'est dire que tout avenir communautaire en Afrique centrale exige que la libre circulation des personnes soit inconditionnellement réalisée.

S'agissant du Cameroun considéré comme l'épicentre de l'idéal communautaire, ses constitutions ont à chaque fois fait cas de l'intégration. Au terme *coopération* contenu dans la constitution du 02 juin 1972, se substitue l'expression " réalisation d'une solidarité plus étroite entre les peuples africains", contenue dans celle du 18 janvier 1996[2]. C'est donc comprendre qu'un effort préliminaire est consenti par l'appropriation constitutionnelle de la libre circulation, et nécessite son extension à tous les pays membres de la CEMAC. Quel que soit l'argumentaire tendant à démontrer le niveau embryonnaire de cette intégration, il demeure prouvé que, même de façon formelle, les citoyens sous-régionaux sont mus par le désir de traverser les frontières. L'Afrique centrale gagnerait au double plan sous-régional et international à réaliser cette intégration. Comme le stipulent les dispositions de l'OMC, l'accord de Cotonou, l'UA, le NEPAD, l'AGOA…, la primauté communautaire accroîtrait l'indice

---

[1] N. Mouellé Kombi, *La politique étrangère du Cameroun*, Paris, L'Harmattan, 1996, p.99.

[2] J.-C. Tcheuwa, " Le droit international à travers la constitution camerounaise du 18/01/1996", *Tribune du droit public*, n° 5, III, 1999/1, p.77.

économique de la sous-région. Les voies de communication et les marchés frontaliers à ce sujet présentent un enjeu socio-économique et intégrateur indéniable.

C- L'enjeu économique des marchés frontaliers

L'interpénétration des hommes de plusieurs nationalités a toujours été une réalité permanente dans l'aire géographique d'Afrique centrale. La frontière ici a autant de valeur prestataire qu'elle facilite des échanges trans-étatiques.

1- La valeur prestataire des frontières

Pour des raisons géostratégiques, cette étude se limite au Cameroun. Ce choix s'explique par la position particulière du Cameroun à la charnière du monde soudanais et à la frontière des ex-AEF et AOF. Qu'elle soit considérée comme " ligne imaginaire qui définit la limite d'un espace ou d'une entité étatique"[1] ou comme "ligne qui limite un espace sur lequel s'étend une souveraineté nationale qui s'oppose à une autre au point de contact "[2], la frontière joue un rôle important de "reconstruction du système international"[3]. Loin d'être des zones marginales, les régions frontalières de par leur

---

[1] J. Koufan, C. Tchuding, "Un exemple de blocage de processus d'intégration en Afrique centrale : la persistance des facteurs conflictuels entre la Guinée Équatoriale et ses voisins francophones depuis 1979 " in D. Abwa, J.-M. Essomba et als (eds), *Dynamiques d'intégration régionale en Afrique centrale*, Yaoundé, PUY, Tome 1, 2001, p.328.

[2] A. Benmessaoud, *Intangibilité des frontières coloniales et espace étatique en Afrique*, Paris, LGDJ, 1989, p.21.

[3] C. Withol de Wenden, *Faut-il ouvrir les frontières ?*, Paris, Presses de Sciences Politiques, 1999, p.105.

situation géographique en bordure du territoire, génèrent des relations et des mouvements migratoires perceptibles à travers des marchés. S'appuyant sur des tracés physiques indiscutables ou non, les frontières ont une valeur prestataire indéniable qu'Olivier Luciani décrit en ces termes :

> Unificatrice ou séparatiste selon l'usage que les hommes en font, la frontière est aussi une zone d'échanges commerciaux multiples, tant dans sa dimension longitudinale que dans sa dimension transversale[1].

Le lieu privilégié de ces activités est le marché. Ces marchés frontaliers peuvent se tenir par tranche hebdomadaire. C'est d'ailleurs le cas chez les Moundang du Cameroun et du Tchad qui vont et viennent dans les deux territoires pour des fins commerciales. Les produits piscicoles et l'agro-alimentaire sont quelques uns des produits qu'on y trouve[2]. Karine Bennafla a mené une étude fort élogieuse sur le commerce frontalier en Afrique centrale. De cette étude, il ressort que quatre marchés frontaliers camerounais alimentent l'économie commune des pays voisins. Il s'agit dans la moitié septentrionale, du marché de Kousseri à la frontière Cameroun-Tchad, du marché de Mbaïboum à la frontière Cameroun-RCA. Dans la moitié méridionale, notamment dans la vallée du Ntem, les deux marchés-phares sont Abang Minko'o[3] et Kyé

---

[1] O. Luciani, " Le Congo, barrière ou interface ? Effets et usages d'un fleuve-frontière (1880-1960)" in C. Dubois et als, *Frontières plurielles. Frontières conflictuelles en Afrique subsaharienne*, Paris L'Harmattan, 2000, p.354.

[2] Pour plus de détails, lire Wadili Madi, "Les relations entre les Moundang du Tchad et ceux du Cameroun ", Mémoire de Maîtrise en Histoire, Université de Yaoundé I, 2004-2005, 133 pages.

[3] Situé à 4 km au nord du fleuve Ntem, face à Eboro et à 23 km d'Ambam, ce marché apparaît en 1992.

Ossi[1]. Ces marchés approvisionnent en tous produits, les différents pays concernés. On comprend donc que les marchés frontaliers fonctionnent comme des entrepôts et des sites de relais qui assurent la diffusion des marchandises vers les pays voisins. Voilà pourquoi, conclut Daniel Bach :

> Les frontières africaines cristallisent des possibilités et matérialisent des possibilités d'accumulation et de régulation sociale, devenues essentielles dans le contexte du déclin des conditions de vie des populations et du durcissement des conditionnalités imposées de l'extérieur aux dirigeants en place[2].

En définitive, la configuration axiale des espaces frontaliers renforce et accroît la compacité et l'unité des États. Les revenus qu'ils génèrent, alimentent les économies des États à tous les niveaux. Bien plus, ces espaces facilitent le maillage social car la mobilité transfrontalière des hommes devient plus aisée et les échanges transnationaux plus pratiques.

---

[1] Le marché de Kyé Ossi est créé dans les années 1970 mais connaît son rayonnement en 1994 après la panne du bac d'Eboro, survenue en 1993 qui alimentait le marché d'Abang Minko'o. Pour plus d'informations, lire K. Bennafla, *Le commerce frontalier en Afrique centrale : Acteurs, espaces, pratiques*, Paris, Karthala, 2002, 353 pages.

[2]D. Bach, " Régionalisation et mondialisation en Afrique subsaharienne : le retournement d'un paradigme" in D. Bach (sous la dir), *Régionalisme, mondialisation et fragmentation en Afrique subsaharienne*, Paris, Karthala, 1998, p.20.

2- Frontières et échanges transnationaux

La mise en application de l'acte n° 1/72-UDEAC-70-A du conseil des chefs d'État de l'UDEAC, portant conviction commune sur la libre circulation des personnes et le droit d'établissement dans l'Union, nécessitait un préalable : la création des voies de communication. Domaine premier d'intervention en faveur de l'intégration, les infrastructures de transport assurent la circulation des personnes et des biens[1]. Elles constituent, en définitive, les éléments facilitateurs de l'intégration régionale[2].

Fort de l'importance des infrastructures dans le développement des échanges commerciaux, les États de la sous-région d'Afrique centrale ont signé des accords et conventions inscrits dans le cadre de la coopération économique. Le Traité de l'UDEAC incite les États de la sous-région à exprimer une réelle volonté en matière de coopération douanière. C'est alors que le Cameroun signe à Berberati le 20 juillet 1969, à Bangui en 1971 et à Yaoundé le 25 août 1999, des accords de coopération douanière et de transport avec la République Centrafricaine[3]. En 1970, 1973 et 1999, il signe des accords similaires avec le Tchad. En vertu de ces accords, des itinéraires légaux de transit se sont établis entre le Cameroun et ses voisins. C'est l'exemple du tronçon Bertoua-Toubouro (265,3 km) avec une sortie vers le

---

[1]A. Pouillieutte, " Bilan et perspectives de l'intégration sous-régionale en Afrique centrale", *Afrique Contemporaine*, n° 193, janvier-mars 2000, p.74.

[2]D. Nadjitan Ndôh, "Afrique centrale : les derniers jours de l'UDEAC", *Jeune Afrique l'Intelligent*, n° 240, 05 mai 1997, p.60.

[3] D. Ndombi Edimo, " Transport et relations entre le Cameroun et ses voisins : le cas du Tchad et de la Centrafrique (1964-2000)", Mémoire de Maîtrise en Histoire, Université de Yaoundé I, 2001-2002, p-p. 23-24.

Tchad. De même, l'axe Ebolawa-Ambang-Eking-Kyé Ossi, permet d'atteindre facilement Libreville au Gabon ou Bata en Guinée Équatoriale[1].

Ces voies routières assurent des échanges transnationaux. C'est dire que de par et d'autre des frontières, s'étendent des routes qui relient les principaux pôles fournisseurs et/ou consommateurs au nom de l'intégration socio-économique. Cette dimension nouvelle suppose " à l'intérieur comme au-delà des frontières nationales, une communauté d'êtres humains désireux d'échanger et de bâtir un destin commun"[2]. Mais ce désir devra tenir compte de la configuration géopolitique et socio-politique de la sous-région.

II- Territoires contigus, États impuissants et extension géographique de la solidarité en zone CEMAC

Trois aspects caractérisent le visage géopolitique des États en Afrique centrale. À la contiguïté de certains et l'enclavement d'autres, s'ajoute le processus intensif de déterritorialisation par lequel les zones frontalières deviennent des zones grises. Aussi, l'instinct de regroupement par affinité caractérise-t-il la population d'Afrique centrale.

---

[1] Cf. *Agenda du Président de la République du Cameroun*, janvier 2004.

[2]H. Ben Hammouda, B. Bekolo-Ebe, T. Mama, *L'intégration régionale en Afrique centrale. Bilan et perspectives*, Paris, Karthala, 2003, p.76.

A- Les États très contigus et enclavés

Territoires fossiles ou fragments épars issus de la *boucherie diplomatique* de 1884[1] et longtemps entretenus de gré à gré par les colonisateurs, les États d'Afrique centrale aux frontières étroites, s'emploient à réduire leur enclavement.

1- Des frontières assez étroites

Le Cameroun partage sa limite méridionale (moins de 700 km) avec trois pays à savoir le Congo-Brazzaville, le Gabon et la Guinée Équatoriale. Les superficies de ces États les situent dans l'intervalle des États de taille moyenne (342 000 km^2 pour le Congo, 268 000 km^2 pour le Gabon et 28 051 km^2 pour la Guinée Équatoriale). La petitesse territoriale de ces États et le niveau embryonnaire de leurs économies, est un réel handicap qui n'est surmontable que par la transgression des frontières. C'est dire que les jeunes au chômage, les industries à la recherche des devises,... ne peuvent dans ce cas, accomplir leur épanouissement que par l'appel de l'ailleurs. Il s'agit surtout pour les populations de ces pays, de se mouvoir dans le cadre des convoitises liées au contexte international. Cette émulation prend la forme de migration-prestation et défie la souveraineté des États et l'existence des frontières.

J. O. Igué assimile cette contiguïté à la balkanisation de l'Afrique qui a créé des États ou bien trop grands, donc ingérables, ou bien trop minuscules et donc difficilement viables. Trop grands ou trop petits, enclavés ou mal dotés

---

[1] A. Ayissi Ngah, "Les fondements de la guerre dans l'Afrique post-coloniale ", Thèse pour le Doctorat de 3ème cycle en Relations internationales, Université de Yaoundé-IRIC, 1986, p. 300.

en ressources, les territoires en Afrique centrale se révèlent bien imparfaits. La défaillance de ces cadres territoriaux à laquelle s'ajoute l'extrême continentalité de certains, n'est repérable que par la création des axes de transit pour désenclaver les pays.

2- La recherche des axes de transit pour les pays enclavés

En raison de l'extrême continentalité et du désenclavement de certains pays de la sous-région, cette articulation s'appuie sur les cas du Tchad et de la RCA. Le désenclavement progressif de ces États se fait dans le cadre des efforts d'intégration. La situation continentale de ces pays présente le désavantage de les contraindre à un quasi-étouffement. Voilà pourquoi, pour des besoins économiques, l'itinéraire routier est envisagé pour les affaires. Ainsi, les frontières sont convoitées par des commerçants et industriels. Il se crée des voies transnationales, mieux des corridors de désenclavement. En pays Moundang situé de par et d'autre de la frontière tchado-camerounaise, existent des routes principales et celles dites secondaires, telle que la route Kaëlé-Moumour-Figuil. Ces routes auxquelles s'ajoutent des pistes plus ou moins contrôlées par les autorités, facilitent le déplacement des hommes d'un pays à l'autre.

B- Absence de contrôle policier aux frontières et complaisance fiscale des États

Deux phénomènes similaires s'observent aux frontières de la CEMAC. D'abord, des frontières sont très peu contrôlées par les agents de police. Ensuite, il s'y note l'application sentimentale des réglementations fiscales en vigueur.

1- Insuffisance des postes de police sur les frontières

L'une des raisons fondamentales de la faille des frontières en Afrique en général et en zone CEMAC en particulier, est l'insuffisance ou l'incapacité des États à contrôler les limites territoriales. Il y a donc crise d'allégeance puisque les États ne sont plus à même de dresser avec exactitude le profil migratoire légal. Cette crise est sous-tendue par le déclin du monopole de la domination de l'État au profit des populations frontalières. En Afrique centrale présentée comme *l'épicentre de l'implosion*[1], les gouvernements, par souci de préserver leur pouvoir en perpétuelle contestation, ont renforcé la mobilisation policière et militaire dans les capitales politiques. Pendant ce temps, les frontières, en constant flottement, ne bénéficient pas de contrôle policier optimal. L'exemple le plus explicite est celui de Léré. Il s'agit d'une localité frontalière entre le Cameroun et le Tchad avec du côté camerounais un seul commissariat à l'émi-immigration alors que du côté tchadien on a quatre postes administratifs[2]. Cet exemple n'est pas exhaustif car autant d'illustrations peuvent être choisies dans l'un ou l'autre pays membre de la CEMAC. De toutes les façons, qu'elles soient peu ou bien contrôlées, les frontières en Afrique centrale présentent de réelles possibilités de contournement. Ce contournement, largement planifié par les populations migrantes, est aussi observé dans le domaine de paiement des taxes et autres.

---

[1] D. L. Kokolo, " Nouvelle donne en Afrique centrale", *Jeune Afrique Économie*, n° 251, novembre 1997, p-p. 123-124.

[2] Lire T. S. Edima Nlate, " Contribution du Cameroun à la résolution pacifique des conflits frontaliers aves ses voisins de 1960 à nos jours", Mémoire de Maîtrise en Histoire, Université de Yaoundé I, 2003-2004, 130 pages.

2- Sous-développement et absence de contrainte fiscale des États

Le niveau déplorable des économies en zone CEMAC[1] aurait pu accentuer l'intransigeance fiscale aux frontières. En effet, l'essentiel des ressources budgétaires des pays de la sous-région provient de la fiscalité indirecte. Mais, paradoxalement, les frontières apparaissent comme des zones de valorisation des profits potentiels pour les acteurs privés. Il s'y développe donc un commerce informel sauvage, entièrement dérégulé, où l'on assiste à la fuite de la logique étatique. Aux frontières, s'alimente le commerce informel, donc illégal. Il s'agit du commerce dominé par la fraude, la contrebande et la clandestinité, très souvent entretenues par les responsables de la fiscalité. En somme, il se crée aux frontières une dialectique entre États et réseaux à l'issue de laquelle, les États enregistrent d'énormes pertes rentières et budgétaires au profit des réseaux. En conséquence, biens et personnes franchisent sans nulle contrainte sérieuse les frontières.

C- Recherche de la valorisation de l'identité du groupe

Il est évident que l'Afrique centrale présente plusieurs aspects sociaux communs. Au nombre de ceux-ci, la culture et surtout la même antériorité qui justifient l'instinct grégaire des populations.

1- L'instinct associatif des groupes de même culture

Au nom d'une identité commune, des peuples d'Afrique centrale recherchent leur mise ensemble. Par

---

[1] Lire à propos Touna Mama et als, *Les économies africaines face à l'Europe de 1993*, Yaoundé, PUY, 1992, p-p. 172-175.

identité, on entend " le processus de construction de sens à partir d'un attribut culturel ou d'un ensemble cohérent d'attributs culturels "[1]. Ainsi, la langue, la religion ou l'art culinaire sont autant d'éléments qui rentrent dans ces attributs. La religion ici occupe une place prépondérante et constitue un argument de compréhension des mouvements migratoires en Afrique centrale. À côté des autres attributs, elle est le symbole d'union entre les peuples qui ne se sont départis qu'avec le mystérieux partage de l'Afrique. La proximité des États en Afrique centrale est si prononcée qu'il est facile de trouver quelqu'un qui va à la prière ou à la messe dans un pays voisin. De même, la langue commune ou similaire à deux peuples transfrontaliers est facteur d'union. La langue véhicule une somme de supports culturels par lesquels les peuples la partageant, s'interdépendent. La manifestation culturelle commune la plus visible demeure les mariages et les autres fêtes annuelles chez les Moundang du Cameroun et du Tchad. On comprend donc que la communauté culturelle de plusieurs pays en zone CEMAC est un motif de leur intégration, de leur solidarité transfrontalière.

2- La recherche des ancêtres sans visage

L'expression *ancêtres sans visage,* empruntée à François Thual[2], désigne un peuple jadis uni et unifié, mais qui a été scindé lors du partage colonial en plusieurs fractions. Ce peuple qui partage la même antériorité, est toujours mû par le désir de retourner, même provisoirement, à ses origines situées dans un autre pays. On parle mieux de l'identitarisme de valorisation du groupe. De nombreux exemples peuvent étayer cette

---

[1] Castells M., *Le pouvoir de l'identité*, Paris, Fayard, 1999, p.17.
[2] Thual F., *Le désir de territoire*, Paris, Ellipses, 1999, p-p.103-110.

conception non moins pertinente. Les exemples des groupes ethniques tiraillés entre deux ou trois États de la sous-région sont légion. On peut citer les Fangs, les Baya, les Mboum, les Bubi dont la composition transfrontalière est un rationnel prétexte de transgression des frontières. À l'évidence, ces cas d'écartèlement ethnique sont fréquemment corrigés par la transgression des frontières afin de reconstituer le groupe. À plusieurs endroits, l'interdiction de traverser une frontière, pour le paysan, revient quelquefois à celle d'aller visiter son champ au-delà de la frontière. L'exceptionnelle solidarité/fraternité ethnique est donc une opportune riposte à la mise en place des frontières iniques. À notre avis, l'écartèlement ethnique en Afrique centrale n'est pas vécu par les populations concernées comme une douloureuse déchirure. Bien au contraire, cette division est davantage ressentie positivement comme une opportunité qui leur ouvre de multiples possibilités telles que les échanges et le commerce inter-étatique. Pierre de Sernaclens y voit d'ailleurs une heureuse incidence de la mondialisation en ces termes :

> La dynamique de mondialisation entraîne la formation de grands espaces économiques transnationaux et comprend des processus d'intégration régionale. Elle ébranle la signification des frontières et les régimes étatiques. Elle accélère le phénomène de brassages culturels et favorise la recomposition des sphères identitaires[1].

---

[1] P. de Sernaclens, *La mondialisation : théories, enjeux et débats*, 2e éd., Paris, Armand Colin, 2001 cité par J. R. Owono Zang, "La problématique de la nationalité dans le nouvel ordre international africain ", Mémoire de DESS en Relations internationales, Université de Yaoundé II-IRIC, 2002, p.15.

Ce qu'il y a à déplorer en Afrique centrale est moins la disparition probable des territoires nationaux que sa profonde réceptivité. Car c'est une région qui connaît de profondes crises et instabilités rendant illusoire tout effort de développement.

III- Crises socio-politiques, mutisme étatique et déclin des frontières en zone CEMAC

La paix en perpétuelle érosion en zone CEMAC est un facteur non négligeable de décomposition des structures sociales. Alors que les conditions socio-économiques contraignent le peuple à la recherche du refuge, la récurrence des guerres civiles dégradent un environnement jusque-là infesté. À terme, les frontières deviennent de véritables canaux de déstabilisation.

A- Les conditions socio-économiques difficiles et l'immigration forcée

La mise en route de la population en Afrique centrale s'explique d'une part par des violences naturelles et d'autre part par le rêve d'aller faire fortune ailleurs.

1- La sévérité de la nature

Tenir la rudesse de la nature pour fondement de la dynamique migratoire est un indicateur à notre avis moins important. Toutefois, nous tenons à inscrire cet élément dans le vaste champ d'analyse exhaustive de cette dynamique. En effet, l'excentration géographique et l'exiguïté des terres cultivables sont des facteurs pour lesquels un peuple qui s'estime peu favorisé, peut se mettre en route[1].

Dans un autre registre, les mouvements de la population sont directement connectés aux effets du climat. La rudesse du Sahel a considérablement réduit la productivité des sols ; d'où le départ des populations vers les pays plus propices. Les pénuries et crises alimentaires fréquentes et les inondations sont autant de facteurs qui justifient la mobilité transnationale[2] des peuples en Afrique centrale. Cette sous-région se détermine certes comme point de départ des migrations, mais surtout comme centre d'accueil.

2- Le rêve de l'eldorado

La recherche du monde de rêve en Afrique centrale a redessiné un schéma migratoire de type nouveau sous forme d'un triangle avec au sommet Yaoundé-Libreville-Malabo. Il s'agit d'une migration de luxe à l'issue de laquelle les personnes concernées espèrent, sinon rentabiliser leurs activités, du moins augmenter leur pouvoir d'achat. Pour elles, franchir les frontières, c'est accéder au monde de rêve, c'est passer de la pauvreté à la richesse imaginée[3].

---

[1]Pour plus d'informations, lire P. Mathieu et als (sous la dir.), *Démographie, enjeux fonciers et pratiques locales en Afrique. Conflits, gouvernance et turbulences en Afrique de l'ouest et centrale*, Paris, L'Harmattan, 1997, 250 pages.

[2] Lire O. Edjimbi Ngotong, " Le problème des refugiés africains de 1960 à 1960. Approche historique", Mémoire de Maîtrise en Histoire, Université de Yaoundé, 1991, p-p.12-15.

[3] J. P. Thumerelle, " Les frontières et la migration internationale" in J.-P. Renard (sous la dir.), *Le géographe et les frontières*, Paris, L'Harmattan, 1997, p.120.

Le Cameroun attire une flopée de migration-prestation en raison du rôle qu'il joue en Afrique centrale. Il assure le leadership réel. Des facteurs non mesurables tels que la cohésion sociale, la capacité du peuple à innover, à souffrir et à faire des sacrifices font de ce pays une principale terre d'accueil. Au-delà de ses frontières, à notre avis non perceptibles, le Cameroun paraît avoir une économie diversifiée, au regard d'un tissu d'industries de transformation plus élaboré et des coûts de production relativement bas.

Le deuxième pôle d'attraction migratoire que constitue Libreville s'explique par son statut d'État *off-shore.* Ce pays d'à peine 1,3 millions d'habitants, au PIB/habitant supérieur à 4670 dollars US en 1998[1], a longtemps été convoité par des Camerounais et des Congolais. Mais très vite, l'optimum de bien-être que revêt ce pays va chuter en raison de la baisse de sa production pétrolière[2]. Depuis lors, la Guinée Équatoriale a délogé le Gabon et fait figure de nouvel eldorado de l'Afrique centrale.

B- Guerres civiles récurrentes et déstabilisation de la zone CEMAC

En Afrique centrale, l'opacité des discours politiques sur la conception et la gestion des frontières occulte la matérialisation de la libre circulation des personnes et des biens. Ceci s'explique entre autres par l'extrême patrimonialisation du pouvoir politique par les dirigeants,

---

[1] BEAC. Statistiques nationales, année 1998.

[2] Lire C. Yerim Seck, " Pour quelques barils de plus", *Jeune Afrique l'Intelligent*, n° 2260, du 02 au 08 mai 2004, p-p.70-71 ; J. Bonnifait, " Pétrole. Ce cher or noir", *Jeune Afrique Économie*, n° 358, octobre 2004, p.25.

la récurrence des guerres civiles intra et extra-régionales et l'absence de lisibilité des flots de réfugiés, source d'insécurité.

1- L'idiosyncrasie et la brisure des frontières en Afrique centrale

Le terme *idiosyncrasie* renvoie au phénomène de personnification du pouvoir politique. L'Afrique centrale n'échappe pas d'ailleurs à ce grief, autant qu'elle n'échappe pas aux nombreux autres. Présentée comme un échec au triple plan politique, économique et géopolitique, l'Afrique centrale est aujourd'hui assimilée à une simple incantation de conjonctures. Espace officiel éclaté et fragmenté, la sous-région d'Afrique centrale est assimilée à une juxtaposition combinatoire d'*États théologiens*[1] où cohabitent une pluralité d'individus à la même ou similaire antériorité. Au nombre des causes de ce tableau noir de la sous-région, l'extrême patriarcalisation du pouvoir de certains chefs d'États. Le cas de la Guinée Équatoriale sous Marcias Nguema, sans être le seul cas, nous semble très illustratif. Le règne de ce dictateur a été marqué par des meurtres, des assassinats politiques, des entraves aux libertés, le marasme économique, les persécutions de tous ordres, l'instauration du travail forcé, la répression, la torture, lesquels ont abouti à un véritable carnage, obligeant les Équato-guinéens à s'expatrier[2]. En

---

[1] Il s'agit selon A. Mbembé, des États-dictateurs qui conçoivent et font exécuter des modèles de perception des structures mentales, d'équipements mentaux, les formes de conscience à leurs peuples. Lire A. Mbembé, *Afriques indociles. Christianisme, pouvoir et État post-colonial*, Paris, Karthala, 1988, 244 pages.

[2]Lire à ce sujet A. Conté, "Les conflits en Afrique : causes et conséquences ", Rapport de stage diplomatique, Université de Yaoundé II-IRIC, juin 1998, p.16 ; M. A. Onana Awondo, "La communauté équato-guinéenne au Cameroun de 1968 à 1979 : étude

conséquence, nationaux et étrangers se sont lancés à la recherche d'un asile. Le cas de Jean Bedel Bokassa en RCA n'est pas moins évocateur, autant que les multiples gouvernements militaires qui ont géré le Tchad depuis le 11 août 1960. L'escalade de violence, de Félix Malloum à Hissène Habré, a présenté la similitude de contraindre les civils à l'exil. Le Cameroun est ainsi devenu une véritable terre d'accueil. Au demeurant, ont proliféré en Afrique centrale, des gouvernements-fantômes au pouvoir privatisé et sacralisé, altruistes dans la distribution coercitive de la violence.

2- Des conflits intra et extra-régionaux pendulaires

La trame de l'Afrique centrale est dominée par des conflits à facettes multiples. Le Tchad semble détenir le record en matière d'instabilité chronique en Afrique centrale. L'instabilité politique et la violence y sont continues et ont marqué tous les régimes politiques qui se sont succédés à la tête de l'État. Les multiples incompréhensions ont dessiné une société psychologiquement ambivalente. Sous Tombalbaye, des frustrations se sont cristallisées à travers la crise ministérielle de 1963, les révoltes populaires de 1965, la naissance de la rébellion armée de 1966, l'éphémère révolution culturelle de 1973. Les différentes tentatives du premier régime tchadien (réconciliation nationale, intégration nationale) pour endiguer l'instabilité a plutôt contribué à lui donner une silhouette de plus en plus accentuée que le Conseil supérieur militaire et le Gouvernement d'union nationale de transition n'ont su

---

historique ", Mémoire de Maîtrise en Histoire, Université de Yaoundé I, 2003, p-p.16-25.

détruire. La fuite sans victoire des FAN en 1982 n'a fait qu'accentuer la fracture sociale. Depuis 1990, le pays ne semble pas épuiser par le cycle répétitif de crises et conflits pluriels. L'industrie de la guerre est devenue aujourd'hui la principale industrie du pays à laquelle de gros budgets sont consacrés.

La République Centrafricaine, aux multiples mutineries et coups d'État, ne cesse de convier à son chevet, médiateurs et autres faiseurs de paix. Ce pays semble s'inscrire dans une logique qui, en 1997, faisait du Congo-Brazzaville une poudrière sans raison apparente. Constitué de deux groupes ethniques majoritaires construits autour des Mbochis et des Kongos, le Congo tisse son histoire autour d'une opposition entre le Nord et le Sud. La transition démocratique de la décennie 1990 a mis un terme à ce dualisme traditionnel et a accouché d'un système ternaire lié à l'éclatement de l'ensemble méridional. Le phénomène milicien que subit ce pays, courant 1993, puise ses racines dans plusieurs années de régime militaire et marxiste. Cette culture milicienne, favorable ou non à des ethnies, a conduit à la déliquescence profonde de l'État, rendant illusoire tout espoir d'entente et de conciliation ethnique[1].

L'omniprésence de l'horreur sous fond de génocide dans les Grands Lacs est un fait majeur qui explique le nombre vertigineux des refugiés en errance en zone CEMAC. Parmi les 1,7 millions de refugiés surtout rwandais éparpillés en Afrique, plus d'un million a trouvé asile en zone CEMAC. En somme, l'intensification des crises en Afrique centrale a drainé un nombre important de

[1] J.-M. Balencie, A. de la Grange, *Mondes rebelles : acteurs, conflits et violences politiques*, Paris, Michalon, 1996, p-p. 197-202.

refugiés. Les frontières résistent très peu à ces vagues d'hommes qui fuient l'horreur et le carnage et qui sont protégés par la convention de l'UA régissant les problèmes de réfugiés en Afrique.

3- Réfugiés et problématique de la sécurité intra-régionale

Depuis l'époque coloniale, les refugiés ont toujours été utilisés comme un élément de subversion politique, avec des camps d'entraînement pour des nationalistes localisés en territoire voisin. Le souvenir et la survivance de ce rôle hantent encore de nos jours les refugiés. C'est pourquoi :

> Les refugiés sont devenus un sujet d'inquiétude et une source d'insomnie pour les responsables politiques effrayés par la perspective d'affronter les émanations subversives sécrétées par leurs propres citoyens en dissidence ouverte à partir des frontières voisines mal défendues[1].

En réalité, le refugié échappe peu au discours qui l'assimile à une perpétuelle menace de l'intégrité des États. C'est en tout cas l'avis de l'Anthropologue J. Roitman. Pour lui, les refugiés, alors population flottante, incarnent une menace potentielle pour l'État. En clair, porter le statut de refugié est synonyme de dissidence politique ou diplomatique. L'exemple le plus illustratif est l'exil accordé dès 1963 aux Upécistes au Congo-Brazzaville. Woungly Massaga et autres Ossendé Afana ont dès lors planifié entre 1965 et 1967 des incursions en terre camerounaise par le Sud. Dans le même sillage, citons cette brouille diplomatique intervenue en juin 1978

[1] O. Edjimbi Ngotong, "Le problème des refugiés africains de 1960 à 1980 ", Mémoire de Maîtrise en Histoire, Université de Yaoundé, 1991, p.46.

entre la Guinée Équatoriale et le Cameroun. Au centre de cette brouille, l'exil accordé par Yaoundé au refugié équato-guinéen Pedro Ekong Andreme. Ce dernier, en compagnie de Benjamin Pablo, quant à lui refugié au Gabon, projetaient le renversement du gouvernement de Malabo. Les fréquentes suspicions mutuelles de Bangui et N'Djamena, encore récentes, méritent également d'être signalées. En effet, chacun de ces gouvernements reproche à l'autre d'accorder asile aux miliciens déchus à partir duquel ils projettent des coups d'État. Vraie ou fausse accusation, la vérité est toute simple : la sécurité intra-régionale est en constante menace.

En définitive, la problématique de la conception et de la gestion des flux transfrontaliers demeure pendante en Afrique centrale. L'absence de politique de gestion des mouvements aux frontières, la déclaration d'intention en faveur de la libre circulation des personnes et des biens n'ont fait qu'accentuer les crises de suspicion entre les dirigeants et les populations. Plus rares ces sujets sont débattus en conférence des chefs d'État et en réunion des ministres des affaires étrangères et de l'économie, plus constants s'organisent les réseaux de transit et les discours politiques ignorant le droit à la circulation en zone CEMAC. La libre circulation des personnes et des biens est pourtant un préalable simple qui devrait précéder toute initiative d'intégration. L'inscription et l'application différentielles de cette priorité par les États-membres est un grave écueil que le temps et surtout la gestion camerounaise du secrétariat général, n'ont pu corriger. C'est donc comprendre qu'en Afrique centrale, s'alternent superposition de compétences administratives, refus de concevoir une réelle politique de gestion des flux migratoires aux frontières sous-régionales,… ; toutes choses susceptibles à elles seules, de traduire un mutisme ou un renoncement certain qu'il faut déplorer.

CHAPITRE VI

UN BILAN GLOBAL MITIGÉ DE L'UDEAC

Après trente ans d'existence, l'UDEAC n'a atteint que de moitié les missions que lui assignait le traité de 1964. Un regard critique permet de dire que l'union est restée seulement dans les intentions, car jamais des conventions n'ont été respectées. L'intégration, alors perçue comme la raison d'être de l'UDEAC n'a pas été amorcée, en dépit de quelques actions-exploits. C'est donc dire que l'union s'est écartée des objectifs fondamentaux pendant que des égoïsmes naissaient de toute part.

I- Les modiques exploits de l'UDEAC avant et après 1982

Parmi les actions réelles menées par l'UDEAC, se trouve en bonne place l'harmonisation monétaire à travers la BEAC. Aussi, l'UDEAC a-t-elle servi de cadre de réflexions durant lesquelles nombre de projets à caractère social, ont été soumissionnés et réalisés.

A- L'institution bancaire et son apport

La création de la BEAC a répondu à un besoin ponctuel des États de la sous-région d'émettre et stabiliser une monnaie, de renforcer l'intégration monétaire afin de financer des grands travaux.

1- Émission et stabilité de la monnaie

Pour toute organisation régionale à la dimension de l'UDEAC, l'existence d'une institution bancaire commune est un puissant outil susceptible d'accélérer le processus d'intégration économique. Cette préoccupation a milité en faveur de la création de la BEAC, née de la convention de coopération monétaire signée le 22 novembre 1972 à Brazzaville entre le Cameroun, la RCA, le Congo, le Gabon et le Tchad (la Guinée Équatoriale n'adhère que le 24 août 1984)[1]. La BEAC fait suite à la BCEAEC instituée en 1960 par les accords entre la France et les cinq États d'Afrique centrale. C'est alors qu'une unité monétaire légale a été créée : le franc de la communauté financière en Afrique (F CFA).

Après le transfert du siège de la banque centrale de Paris à Yaoundé le 02 janvier 1977, la BEAC est devenue la gardienne de la monnaie[2]. Elle a joué un rôle stabilisateur très significatif sur la période 1986-1993 durant laquelle, l'UDEAC a enregistré un déficit budgétaire élevé (plus de 8%) et un niveau d'endettement croissant[3]. En réponse à l'assèchement des réserves de change, la BEAC a resserré, à chaque fois, sa politique monétaire en relevant ses principaux taux directeurs et en abaissant les plafonds de refinancement. La BEAC, en définitive, a la responsabilité essentielle en matière de développement économique dont elle est le moteur par le jeu des crédits à courts, moyens ou longs termes, octroyés aux États. Ainsi, l'intégration monétaire est assurée pour un financement des projets sous-régionaux.

---

[1] J.-M. Nzékoué, " Un puissant outil d'intégration", *Cameroon Tribune*, n° 4281 du jeudi 08 décembre 1988, p.13.
[2] Waffo Mongo, " BEAC : une évolution confiante", *Cameroon Tribune*, n° 4281 du jeudi 08 décembre 1988, p.10.
[3] BEAC. Études statistiques, n° 265, juillet-septembre 2002, p.4.

2- Renforcement de l'intégration monétaire

L'engagement des États de la sous-région en faveur d'une monnaie unique, au-delà du fait qu'elle leur avait été imposée par la France[1], révélait un espoir. Il s'agit de l'espoir par lequel les États membres ont décidé d'abandonner une fraction de leur souveraineté pour s'engager dans la voie de l'union monétaire. Le cas le plus significatif est celui de la Guinée Équatoriale qui, en raison des accords de décembre 1984 portant sur son adhésion à l'UDEAC, a démonétisé sa monnaie locale (Ekwele) au profit du franc CFA, le 02 janvier 1985[2].

Une union monétaire suppose une banque centrale en charge de la conception et de la mise en œuvre de la politique monétaire commune. Elle implique également l'impossibilité pour un État membre à titre individuel, d'avoir recours à des modifications de parité pour effectuer ou faciliter les ajustements économiques. L'existence de l'union monétaire entraîne également de facto, le transfert du pays vers la communauté dans son ensemble avec une exigence d'équilibre de la balance de paiements. L'intégration monétaire en Afrique centrale est davantage renforcée par le dispositif actuel de surveillance multilatérale prévu par la convention de l'UDEAC (titre III, articles 49 et 61). Ce dispositif repose sur trois principes. Il y a d'abord le principe de subsidiarité qui suppose non pas l'abandon de souveraineté, mais la prise en compte des intérêts de la communauté dans la

---

[1] Lire Dominique Tchuya, " Le poids de la France dans le commerce extérieur du Cameroun, 1960-1978 : essai d'analyse historique", Mémoire de Maîtrise en Histoire, Université de Yaoundé I, 1998.

[2] Mvé Mintsa, " BEAC et zone franc : adhésion de la Guinée Équatoriale", *Cameroon Tribune*, n° 3158 du mercredi 21 décembre 1984, p.16.

définition des politiques économiques nationales. Ensuite, le principe de collégialité qui consacre l'idée de la participation de tous à l'élaboration des politiques économiques. Enfin, le principe des pairs et des marchés, indispensable pour inciter au respect des directives et de la discipline communautaire. C'est dire que la BEAC est le signe que l'UDEAC était nécessaire car l'harmonisation d'une monnaie commune et le financement des constructions routières, est signe de réussite.

3- Construction de quelques bretelles routières

La mise en application de l'acte n° 1/72-UDEAC-70-A du conseil des chefs d'État de l'UDEAC portant convention commune sur la libre circulation des personnes et le droit d'établissement dans l'union[1] nécessitait un préalable : la création des voies de communication. Domaine premier d'intervention en faveur de l'intégration, les infrastructures permettent la circulation des personnes et des biens[2] ; ce sont des éléments facilitateurs de l'intégration régionale.

Fort de l'importance des infrastructures dans le développement des échanges commerciaux, les États de la sous-région d'Afrique centrale ont signé des accords et conventions inscrits dans le cadre de la coopération économique. Après les accords de Fort-Lamy du 13 avril 1963 portant création d'industries communes au Tchad et au Cameroun, le traité de l'UDEAC incite les États de la

---

[1] Journal officiel de l'UDEAC, Huitième année, n° 1 de juin 1973, p.5.
[2] Lire Antoine Pouillieute, "Bilan et perspectives de l'intégration sous-régionale en Afrique ", *Afrique Contemporaine*, n° 193 de janvier-mars 2000 ; Daniel Nadjitan Ndôh, "Afrique centrale : les derniers jours de l'UDEAC ", *Jeune Afrique l'Intelligent*, n° 240 du 05 mai 1997.

sous-région à exprimer une réelle volonté en matière de coopération douanière. Le Cameroun signe, dès lors, à Berberati le 20 juillet 1969 et à Bangui en 1971, deux accords de coopération douanière et de transport avec la RCA[1]. En 1970 et 1973, il passe des accords similaires avec le Tchad. En vertu de ces accords, des itinéraires légaux de transit se sont établis entre le Cameroun et ses voisins, financés majoritairement par les banques étrangères. C'est l'exemple du tronçon Ngaoundéré-Touboro, long de 265,3 km, avec une sortie vers le Tchad. De même, l'axe Ebolawa-Amban-Ekin-Kyé-Ossi, permet d'atteindre facilement Libreville au Gabon et Bata en Guinée Equatoriale. Une fois de plus, le Cameroun s'affiche comme un échangeur car Douala et Yaoundé sont des centres à partir desquels les capitales des pays de la sous-région sont desservies en routes. Le Cameroun demeure donc au centre de distribution des voies routières en attendant l'entrée en vigueur de l'acte portant création d'une compagnie aérienne de transport.

B- Les réalisations à caractère social

L'UDEAC, sans avoir pleinement répondu aux attentes des uns et des autres, a matérialisé son existence par la création de quelques structures sous-régionales.

---

[1] Pour plus de détails, lire Dorothée Ndombi Edimo, "Transport et relations entre le Cameroun et ses voisins : cas du Tchad et de la Centrafrique (1964-2000) ", Mémoire de Maîtrise en Histoire, Université de Yaoundé I, 2001-2002.

1- Création des écoles professionnelles sous-régionales

Instrument de coopération sous-régionale, l'UDEAC au cours des premières décennies de son existence a réalisé une timide union douanière. On peut citer notamment l'instauration d'un tarif extérieur commun, la mise en place d'un système de coopération douanière fondée sur la taxe unique, l'harmonisation des fiscalités internes, la convention commune sur les investissements. Mais le grand tournant dans l'histoire de l'union demeure l'année 1979 durant laquelle un accent a été mis sur les projets dits d'industries communautaires. La mise à jour de certaines institutions à caractère sectoriel a confirmé l'aspiration des pays de l'UDEAC à parvenir à une intégration économique. Malgré les nombreuses entraves, l'École inter-États des douanes (EIED) de Bangui est créée en 1972. Elle assure la formation professionnelle du personnel douanier[1] des États de l'union.

L'Institut sous-régional multisectoriel de technologie appliquée, de planification et d'évaluation de projets de Libreville (ISTA) demeure, à notre avis, la preuve que l'UDEAC a tenu à un engagement. Cet engagement est celui de fournir à travers l'ISTA, le cadre propice de formation post-universitaire et de perfectionnement professionnel des cadres supérieurs des États membres. Cette institution présente plusieurs avantages : l'identification, la préparation, l'évaluation, la réalisation, le contrôle des projets et la planification du

[1] Ce personnel est composé des douaniers, des contrôleurs de douane, des préposés de douane, des brigadiers-chefs, des brigadiers et des agents de constatation.

développement socio-économique[1]. C'est donc dire que l'ISTA, tout comme l'ISSEA, sont des institutions au service de l'idéal communautaire. En outre, et dans le même cadre, on a l'École inter-États de vétérinaire au Cameroun, l'École d'ingénieurs des télécommunications de l'Afrique centrale au Gabon. À ces écoles professionnelles, on peut ajouter quelques centres communautaires tels que le centre communautaire pour le développement des pêches dans l'île d'Annobon en Guinée Équatoriale ou le centre communautaire de reproduction et de diffusion du matériel porcin en RCA. L'aspect sanitaire a retenu fortement l'attention des décideurs de la sous-région car une organisation et un centre d'enseignement ont été créés.

2- Des structures de lutte pour la santé

Face au péril lié aux diverses maladies endémiques, les chefs d'État ont opté pour une stratégie de surveillance systématique des patients. C'est alors que le 08 juillet 1965, est créée à Yaoundé, l'Organisation pour la lutte contre les endémies en Afrique centrale (OCEAC). Cette institution est chargée de la lutte contre les grandes endémies telles que la maladie du sommeil, la lèpre, l'onchocercose… . C'est à cette structure qu'est revenue la mission de mettre en œuvre les résolutions générales de toute l'Afrique à l'horizon 2000 en matière de santé. Ce projet, baptisé " santé pour tous en l'an 2000", a suscité des grandes réflexions qui, dans le cadre sous-régional, ont abouti à des mesures d'action réelles. L'une de ces mesures a été la création à Libreville du Centre inter-États d'enseignement supérieur en santé publique de l'Afrique.

---

[1]J. Ngandjeu, "Une page tournée dans l'histoire de l'Afrique centrale", *Cameroon Tribune*, n° 3160 des 25 et 26 décembre 1984, p.14.

Ce centre, dont la construction a commencé en 1984 pour un montant de cinq milliards de francs CFA, matérialise cette heureuse synergie militante en faveur d'un objectif commun. L'OCEAC, alors maître d'œuvre de la construction de cette école, a optimisé par cet acte sa crédibilité. Dans cette école, on a formé non seulement des médecins spécialistes, mais également des ingénieurs sanitaires et des techniciens supérieurs en santé publique. Voilà quelques actions concrètes qui font dire de l'UDEAC qu'elle a le mérite d'avoir existé, d'avoir surmonté les vicissitudes conjoncturelles, de survivre à l'érosion du temps, de demeurer ainsi un motif d'espoir pour tous les peuples[1]. Pourtant, cet espoir toujours renouvelé des chefs d'État, est resté prisonnier des égoïsmes qui ont précipité l'UDEAC à la décrépitude au début de la décennie 90.

II- Des objectifs peu atteints à l'éveil des égoïsmes nationaux

L'UDEAC a été, certes un lieu de concertation et de planification des programmes de développement, mais n'a surtout pas su convier le peuple à l'objectif qui lui était assigné. L'idéal communautaire s'est éteint au profit des particularismes nationaux.

A- Difficile réalisation des projets de départ

Plusieurs raisons expliquent la lenteur dans l'exécution des projets au sein de l'UDEAC.

[1] P. Biya, Discours d'ouverture du trentième sommet de l'UDEAC le 22 décembre 1994, *Cameroon Tribune*, n° 5750 du jeudi 22 décembre 1994, p.3.

1- La conjoncture politique et économique de la décennie 1980-1990

La fin de la guerre froide et la disparition du système bipolaire ont ouvert une période de transition et d'ajustement dans le monde. Pendant que l'Europe cherche le rééquilibrage de son économie, l'Afrique et particulièrement l'Afrique centrale piétine sous le poids des conflits ethnico-politiques. L'avènement de la démocratisation des structures politiques des pays du Sud a déclenché une vague de mouvements qui ont paralysé le fonctionnement institutionnel du Tchad, du Cameroun, du Gabon et du Congo-Brazzaville. Pendant ce temps, resurgissent des crises inter-États pour le contrôle du pétrole dans le golfe de Guinée. En Afrique centrale, la presqu'île de Bakassi (disputée par le Cameroun et le Nigeria) et l'îlot de Mbanié (disputé par le Gabon et la Guinée Équatoriale), alimentent les débats contradictoires qui mettent en péril l'idéal d'intégration. La situation de l'économie africaine en général et de l'économie de la sous-région d'Afrique centrale en particulier à cette période, est lamentable[1]. Les États africains, incapables d'honorer leurs engagements internes et externes, sont astreints à la dévaluation du franc CFA en janvier 1994. Bien que des aspects positifs de cette dévaluation et de l'arrimage du franc CFA à l'intégration européenne aient été largement démontrés par l'économiste camerounais Bruno Bekolo Ebe, des critiques acerbes dénoncent l'engourdissement de la sous-région en ces termes : "l'Afrique du CFA à l'image du reste du continent, reste

---

[1] Pour plus de détails, lire Samuel Nana Sinkam, *Le Cameroun dans la globalisation. Conditions et prémices pour un développement durable et équitable*, Yaoundé, Clé, 1999 ; Touna Mama, Bekolo Ebe, Fouda Owoundi, *Les économies africaines face à l'Europe de 1993*, Yaoundé, PUY, 1992.

attentiste, insouciante de son avenir et incompétente quant à la résolution des défis [qu'imposent] à elle la marche de l'histoire "[1].

Le fardeau de la dette externe constitue un obstacle au rétablissement de la viabilité externe et par ricochet, limite une intégration efficace du continent. La situation de l'Afrique centrale n'est guère meilleure. Les indicateurs économiques et culturels ci-dessous présentés, traduisent la situation peu confortable de l'économie des pays de la sous-région.

Tableau 5 : Indicateurs socio-économiques et culturels des pays de l'UDEAC en 1995 excepté le Tchad.

pays	PNB	Dette extérieure totale en millions de dollars	Service de la dette par rapport aux exportations	Taux d'alphabétisation des adultes	Poids de l'agriculture dans le PIB (%)
Cameroun	650	8352	21	63,4	39
RCA	340	900	8	60	44
Congo	680	12243	-	74,4	10
Gabon	3490	4113	11	63,2	8
Guinée Eq.	380	282	-	78,5	50

Source : ONU : *État du monde 97* (Annuaire économique et Géographique mondiale-La découverte).

[1] J. C. Mandeng, " Après la dévaluation du franc CFA, l'Afrique doit bâtir une zone monétaire", *Le Messager*, édition spéciale du 09 février 1994, p.4.

Au regard de ces données, l'Afrique centrale croule sous le poids de la dette qui atteint des montants vertigineux. Sa difficile situation économique va le demeurer, car l'économie de la sous-région, essentiellement basée sur l'agriculture (39 % du PIB du Cameroun ; 44 % pour la RCA et 50 % pour le Tchad), est restée fragile. L'indice du PIB par tête, le taux d'alphabétisation des adultes illustrent à suffisance toutes les difficultés conjoncturelles des pays de l'UDEAC qui, pour cette raison, ne pouvaient plus honorer leurs engagements financiers vis-à-vis de l'Union. En conséquence, l'UDEAC, criblée de dettes, est devenue insolvable à l'égard de ses fournisseurs de prestation. Le bilan de l'Union, dressé à l'occasion de son 30ème anniversaire en 1994, mentionne en le déplorant les conséquences directes de cette paralysie de l'Union.

2- Le non respect des conventions communes

L'efficacité d'un contrat, d'une convention, d'un traité ou d'un accord réside dans la confiance, la détermination qui doit animer les parties contractantes. Cette confiance doit être autonome, c'est-à-dire qu'elle ne doit pas être liée à l'intérêt particulier. Dans ce cas, la retenue et l'obligation, valeurs élémentaires, deviennent des préalables nécessaires pour l'efficacité d'une convention. Tel n'est malheureusement pas le cas dans la sous-région d'Afrique centrale. Rares sont les mesures communes arrêtées unanimement et qui ont été respectées. Pourtant, le président Ahmadou Ahidjo avait prévenu ses pairs en leur martelant que : "le succès de l'UDEAC procède avant tout de la constatation d'une nécessité : celle de subir les principes de la coopération"[1].

Cet appel est resté lettre morte, paralysé par l'application différentielle des normes douanières préjudiciables à la constitution d'un authentique marché unique. Le fonds de solidarité, institué par le conseil de l'UDEAC par acte n° 11/65-UDEAC-21 de décembre 1965[2], n'a pas pallié aux préjudices causés par l'adoption du tarif extérieur commun[3]. En conséquence, des arriérés cumulés en fin 1996 dépassaient dix huit milliards de francs CFA pour les six pays.

Il en est de même des textes relatifs à la libre circulation des biens et des facteurs de production, ainsi que de ceux relatifs à la refonte des codes d'investissement nationaux dans un code unique, qui n'ont pas été effectifs. La responsabilité la plus grande ici est celle des chefs d'État, alors principaux décideurs et ordonnateurs des opérations. Ils n'ont pu prendre à temps des mesures ponctuelles indispensables pour rendre l'UDEAC, moteur de l'intégration sous-régionale et le secrétaire général, dépouillé de toute prérogative exécutive, est resté inefficace. À titre d'illustration, le projet de création de la Communauté économique et monétaire de l'Afrique centrale, adopté en 1994, a été oublié pendant quatre ans, le temps que les États ratifient son traité. Cette lourdeur

---

[1]Ahmadou Ahidjo, Discours d'ouverture du sixième sommet de l'UDEAC à Yaoundé le vendredi 18 décembre 1970, *La presse du Cameroun*, n° 6173 du 19 au 20 décembre 1970, p.4.

[2] J.O de la République Fédérale du Cameroun, n°6 du 15 mars 1967, p.446.

[3]Le but de cette taxe était d'harmoniser les droits de douane à l'extérieur des pays membres et il avait été laissé à chaque pays, la latitude de mettre en œuvre une taxe complémentaire pour compenser la perte des recettes causées par cet instrument.

dans la procédure de ratification est un indice évident du peu d'engouement accordé à l'idéal communautaire. Les dirigeants de la sous-région se sont caractérisés par le manque de volonté politique et l'absence de compréhension des enjeux de l'UDEAC. Willy Jackson parle dans ce sillage du "refus [des dirigeants] de la discipline communautaire "[1]. Voilà pourquoi l'UDEAC fait face à un micro-nationalisme latent entravant de la sorte le processus d'intégration.

B- Consolidation des égoïsmes et fragilisation de l'UDEAC

L'intérêt général dans le cadre de l'UDEAC n'a pas prévalu. Des États ont préféré passer outre ; d'où l'égoïsme. Cet égoïsme conquérant s'est manifesté à travers la naissance des micro-nationalismes et le développement des rapports d'échange entre chaque pays et son ancienne métropole.

1- L'interposition des micro-États

Le retard de l'Afrique entière en matière de développement et d'intégration tire ses origines du passé de ce continent. Déclenché en 1884/1885 au congrès de Berlin, le partage de l'Afrique a occasionné une ruée des puissances européennes vers le continent noir. Malgré les indépendances si dûment acquises en 1960 au prix du sang, les nouveaux États souverains africains, viscéralement rattachés aux métropoles, se sont investis à la construction de l'unité nationale. Le désir et la volonté de renforcer cette unité ont été malheureusement émiettés

---

[1] W. Jackson, " La marche contrariée vers l'union économique". *Le monde diplomatique*, mars 1996, p.14.

par les insurrections de part et d'autre. Dans ce contexte, il est clair que les nouveaux détenteurs du pouvoir politique étaient davantage préoccupés par l'affermissement de leur autorité, plutôt que d'œuvrer pour une intégration avec les pays voisins. L'UDEAC sera donc confrontée aux problèmes dont le principal a été la cristallisation des nationalismes. Ceci est la conséquence directe des politiques développées depuis 1960 et qui se sont érigées en principes tels que : l'indépendance nationale, la non ingérence dans les affaires intérieures des États, l'intangibilité des frontières... . La nette division entre les États, confirmée par la difficile mise en application de la convention sur la libre circulation, est devenue un argument irréfutable que l'Afrique centrale est demeurée plurielle au sein de l'UDEAC. Des diverses suspicions débouchant sur de graves incidents diplomatiques justifient cette analyse. Les velléités incessantes de leadership entre le Cameroun et le Gabon se sont parfois traduites par des débordements de xénophobie à l'exemple des incidents de mai 1981 et avril 1984[1]. Le même sentiment de haine a souvent caractérisé les relations entre la Guinée Équatoriale et le Cameroun ; d'où les incidents du début d'année 2004 durant lesquels des Camerounais étaient chassés de Malabo. L'absence d'unanimité qui caractérise les chefs d'État par rapport à certains projets est le signe que la recherche du bien commun à l'intérieur de l'Union n'est qu'un leurre. La création à Douala de la Bourse des valeurs mobilières (Douala Stock Exchange) en réaction à la Bourse de Libreville est le signe d'une frustration du Cameroun qui estime disposer de nombreux

[1] Lire N. Mouelle Kombi, *La politique étrangère du Cameroun*, Paris, L'Harmattan, 1996.

atouts[1]. Les divergences autour de la répartition des postes de responsabilité de la BEAC par les États membres sont autant de preuves que l'UDEAC était prédestinée à surmonter des épreuves difficiles. Cette mauvaise lecture du concept d'intégration en Afrique centrale se transpose également dans chaque pays. Les États de la sous-région ont préféré privilégier les intérêts économiques propres à eux. Cette articulation contradictoire de l'intégration économique sous-régionale et de la construction nationale est largement démontrée par Willy Jackson. S'appuyant sur le cas particulier du Cameroun, il démontre que la primauté y est faite à la construction nationale. L'intégration économique régionale dans ce sens devient un discours idéologique qui tente de masquer deux faits dysfonctionnels : " [...] son aliénation à la construction nationale [...], l'intégration concurrente et asymétrique du Cameroun au marché mondial"[2].

Dès lors que les États font de l'idéal communautaire un mythe, ils s'investissent à ménager des rapports de tous ordres avec leurs partenaires restreints. Par ces rapports, les principes d'échanges import-export sont transgressés au profit de la France, hantée par les matières premières de l'Afrique.

---

[1] Mathurin Doumbé Epée (Ex-Directeur de Douala Stock Exchange), lors d'une conférence sur le Thème : "Naissance de la bourse au Cameroun. Présentation de Douala Stock Exchange -DSX-. Perspectives et enjeux " au CCF, Yaoundé, 13 janvier 2003.

[2] W. Jackson, " Le Cameroun et l'intégration économique régionale", Thèse pour le Doctorat de 3ème cycle en Science politique, Paris, Université de Paris VII-Denis Diderot, résumé des trois volumes, 1993.

2- Consolidation des rapports bilatéraux privilégiés avec des partenaires restreints

Constat d'une servitude volontaire, l'UDEAC ne pouvait véritablement fonctionner, car les États de la sous-région ont évolué en rang dispersé. Ils ont préféré de simples accords bilatéraux au lieu de renforcer leur unité. La France, alors premier partenaire des pays d'Afrique centrale, a renforcé son empire économique dans la sous-région. Elle a consolidé son pré-carré en Afrique centrale avec davantage une dépendance des pays vis-à-vis du trésor français. En conséquence, les États de la sous-région sont restés cantonnés dans une logique d'assimilation au point où chacun des États, pris individuellement, échange davantage avec la France qu'avec les pays voisins. Les États sont demeurés producteurs de matières premières, ravitaillant ainsi la métropole, alors que celle-ci approvisionne les économies de la sous-région en produits manufacturés. Des accords tels que les conventions de Lomé ont accru le caractère extraverti des économies d'Afrique centrale en les rendant plus dépendantes de l'Occident. C'est pourquoi Philippe Hugon[1] déclarait que l'Afrique centrale et l'Afrique de l'Ouest connaissent une grande vulnérabilité extérieure et une tendance à la marginalisation vis-à-vis des réseaux du commerce international.

Au sein de l'UDEAC, 42,5 % des échanges commerciaux se font avec la France. Ainsi, on mesure l'influence de la France dans l'économie de la sous-région à travers le tableau ci-dessous.

---

[1]Ph. Hugon, " Face à la marginalisation de l'Afrique subsaharienne : ouverture au marché mondial ou intégration régionale ?", *L'année africaine*, 1987-1988, p.20.

Tableau 6 : Orientation géographique des échanges du Cameroun avec des pays de l'UDEAC et la France (en millions de francs CFA).

Rubriques	1970		1980		1997	
	Export	Import	Export	Import	Export	Import
UDEAC (total) dont :	3.300	3.552	13.159	13.159	66.236	22.664
Gabon	1.527	2.721	5.713	12.310	-	-
Congo	819	568	4.042	712	-	-
RCA	955	262	3.404	137	9.923	7
Tchad	-	-	-	-	6.784	602
CEE (total) dont :	45.309	46.739	165.538	219.751	405.110	405.771
France	20.150	33.940	60.619	154.264	158.839	193.863

Source : DSCN : - Annuaire statistique du Cameroun 1983.
- Annuaire statistique du Cameroun 1997.

Ayant constaté le poids de la France dans les échanges commerciaux de l'Afrique centrale, nous avons estimé judicieux de ne prendre que ce cas (le cas de la France), bien que ces échanges s'étendent à tous les autres pays européens. Au regard du tableau ci-dessus, on se rend compte que l'intensité des échanges entre le Cameroun et l'UDEAC entre 1970 et 1997 s'est certes accrue, mais reste minimisable face à l'indice d'échanges avec la France. En

1970, le Cameroun a eu un peu plus de vingt milliards de francs CFA d'exportations, contre environ cent soixante milliards de francs CFA en 1997. Le commentaire qui ressort de l'analyse de ce tableau illustre judicieusement le déséquilibre entre les échanges en fonction des partenaires. La France est donc sans conteste, le meilleur partenaire européen du Cameroun. Toutefois, il est regrettable dans la dynamique d'une intégration économique sous-régionale, que le montant des échanges du Cameroun avec le France soit 7 fois plus élevé que le montant des échanges avec toute l'UDEAC. Bien plus, on s'aperçoit que de 1970 à 1997, la balance commerciale est restée déficitaire au détriment du Cameroun. Ces indices traduisent très exactement l'état de santé économique de l'Afrique centrale en matière d'échanges commerciaux. Ces échanges tiennent des accords de coopération passés entre les États africains et les métropoles au lendemain des indépendances. C'est en vertu de ces accords, et au nom de la coopération internationale, que des entreprises multinationales, intégrées verticalement et horizontalement, se sont implantées dans la sous-région. Ainsi, l'espoir jadis placé dans les projets d'industries communautaires s'est estompé et a disparu, car même si ces industries avaient été toutes implantées, elles disparaîtraient au regard de la compétitivité. Ce bilan sans complaisance est celui de l'UDEAC qui, parvenue à sa 30ème année, nécessitait au regard de l'environnement international et de la nouvelle donne économique, une restructuration. C'est alors que commence une phase à la fin de laquelle les chefs d'État de la sous-région sont parvenus à la relance de la nouvelle intégration.

CHAPITRE VII

L'UDEAC DE L'ESSOUFFLEMENT À LA RELANCE DE LA NOUVELLE INTÉGRATION EN 1998

L'année 1990 marque un tournent décisif dans l'histoire des relations inter-États du continent. Non seulement la terrible crise socio-économique et politique imposait une redéfinition des rapports entre États, mais aussi la fin de la bipolarité et la nouvelle tournure de la politique européenne (avec en vue le passage de la CEE à l'UE) suscitaient des inquiétudes. En Afrique, le Plan d'action de Lagos lancé en 1980 et complété par le Traité d'Abuja de 1991, crée un contexte d'émulation et de réflexion pour tout le continent. L'UDEAC n'apportant plus une garantie fiable pour l'avenir, il était nécessaire de penser à la substituer. Mais pour mieux comprendre et saisir les faits, il importe d'analyser la genèse des reformes de 1991 afin d'établir un lien diachronique avec la naissance effective de la CEMAC en 1998.

I- Le difficile début des reformes de 1991

Issue d'une volonté des chefs d'État de recentrer les politiques et stratégies d'intégration, les reformes fiscalo-douanières de 1991 ont connu dans leur application, des difficultés. Celles-ci sont dues d'une part à la contestation du patronat gabonais et d'autre part à l'immixtion extérieure.

A- La contestation du projet de reformes de 1991

En décembre 1991 à Brazzaville, les chefs d'État de l'Afrique centrale se sont mis d'accord sur le projet de création de la Communauté économique et monétaire de l'Afrique centrale (CEMAC). À l'issue des résultats de l'étude des experts à la demande des chefs d'État, des reformes ont été envisagées. Mais, l'égoïsme triomphant est réapparu et a entretenu la contestation du projet de reformes. Ceci a créé un passage à vide, marqué par l'intervention française et l'inertie au sommet de Bata en 1992.

1- La contestation du patronat gabonais

L'étape déterminante dans la nouvelle dynamique d'intégration en Afrique centrale est l'année durant laquelle les chefs d'État ont donné mandat au gouverneur de la BEAC de piloter un groupe d'experts de la BEAC, de la France, de la BDEAC, du secrétariat général de l'UDEAC et des experts des pays membres, en vue de proposer une nouvelle approche de l'intégration[1]. À l'issue des séances de travail, une dynamique reposant sur une démarche graduelle est proposée. L'étape préalable de cette intégration est l'harmonisation des politiques économiques et financières. Le Programme régional de reformes (PRR)[2] est l'un des fruits issus des multiples concertations et réflexions menées par les experts de la Banque mondiale,

---

[1] L. Mboto Fouda, " De l'UDEAC à la CEMAC : ce qu'il faut retenir", *Cameroon Tribune,* n° 2826 du jeudi 12 février 1998, p.5.

[2] La mise en œuvre du PRR a été financée dans le cadre du 7e FED, par la Commission européenne et s'inscrivait dans le cadre du Programme indicatif régional (PIR).

du FMI et de l'UE. Il a comporté trois volets : le volet fiscalo-douanier, le volet transport en transit et les mesures d'accompagnement, le volet portant sur la mise en œuvre de la CEMAC.

S'agissant de la reforme fiscalo-douanière, son application a été retardée par le patronat gabonais, alors qu'elle entrait en vigueur en avril 1992. Les patrons gabonais dénonçaient certains effets pervers de cette reforme. Selon eux, l'augmentation des droits de douane sur certains intrants, l'abolition des conventions d'établissement, l'augmentation de la taxe sur le chiffre d'affaire risquaient de mettre en péril certains secteurs de l'industrie nationale. La Confédération patronale gabonaise (CPG) avait d'ailleurs entrepris une série de simulations, aidée par des cabinets d'audit internationaux. L'une des raisons avancées, était la menace potentielle que constituait l'application de cette reforme sur le marché de l'emploi au Gabon, avec une diminution d'environ dix mille à douze mille emplois. Cette situation a créé une fois de plus une vague de méfiance et de contestation plus accrue jusqu'à ce que la Coopération française intervienne pour une campagne de conciliation.

2- La médiation de la Coopération française

Au début de décembre 1992, un atelier d'experts s'est réuni à Brazzaville, sous les auspices de la Coopération française. Là, une modification technique est apportée. Ainsi, les experts ont proposé que des barrières douanières quantitatives vis-à-vis des pays non membres de l'UDEAC soient maintenues jusqu'en 1995. La TCA a été également revue à la baisse. De plus, les experts ont proposé que les conventions d'établissement soient toutes abolies en même temps, au lieu de les laisser chacune arriver à leur terme. Il peut donc être compris que l'absence d'unanimité ou le radicalisme exacerbé du patronat gabonais fait penser que l'Afrique centrale n'est jamais mue par un désir de progrès. Les États, par l'intermédiaire des lobbies divers, ont toujours opposé leur veto contre la mise en exécution des projets communs. L'intérêt national ayant très souvent emporté dans ce cas, la détermination des chefs d'État à construire un espace intégré, a été érodée par le temps. Il a donc fallu attendre encore longtemps, alors que les économies subissaient déjà le coût de la non-intégration. En conséquence, les États croupissent sous le poids de la conjoncture politique alors que le sommet de Bata n'a apporté aucune chance pour le processus déclenché.

3- L'inertie et le désistement des chefs d'État au sommet de Bata

Le sommet de Bata en Guinée Équatoriale s'est déroulé du 15 au 16 décembre 1992. Cette réunion revêtait une double importance. Elle s'est tenue d'abord à un moment où l'internationalisation de l'économie et la constitution des blocs économiques exigeaient de l'Afrique centrale un ajustement fonctionnel et efficient de son économie. La réunion de Bata s'inscrivait ensuite dans la logique des moments de réflexion et de sauvetage de l'UDEAC. Ceci étant, et au regard de la dynamique des consultations et concertations entre les pays membres en vue de la mise en œuvre des reformes, Bata aurait pu susciter un intérêt particulier chez les chefs d'État. Malheureusement, le sommet de Bata a été une simple formalité car il a apporté la preuve éclatante de l'inefficacité commune des chefs d'État à s'accorder sur des projets immédiats. Au départ, ces derniers devaient adopter des décisions sur trois grands dossiers : la redynamisation de l'organisation sous-régionale, la reforme des règles en vigueur dans les différents pays, la restructuration du secrétariat général. Le lancement du projet de création d'une Communauté économique et monétaire d'Afrique centrale, inscrit également à l'ordre jour, avait même suscité une vive attention des bailleurs de fonds. Finalement, aucune décision n'y a été prise, malgré la rigueur des mesures économiques imposées par les bailleurs de fonds. D'ailleurs, après 1990, les bailleurs de fonds ont conditionné leurs aides par le renforcement de l'instrument de coopération et d'intégration régionale.

La rencontre de Bata a été considérée comme un non sommet car il a été largement boycotté par les chefs d'État. L'absence des présidents camerounais, tchadien et centrafricain a traduit le manque d'engouement et le peu d'intérêt qu'ils avaient accordé aux questions sous-régionales. En fait, pour des décisions engageant l'avenir de toute une sous-région, la présence des chefs d'État était indispensable voire incontournable. Certes, les trois chefs d'État absents étaient représentés par les premiers ministres pour le Tchad et la RCA, le président du conseil économique et social pour le Cameroun, mais on peut justifier l'échec du sommet de Bata par ces réticences. Au demeurant, tous les projets à examiner à Bata ont été reconduits et les échéances ont été prorogées. L'incidence directe a été le retard constaté dans la mise en œuvre des décisions ou l'auto-marginalisation de l'Afrique centrale par rapport aux normes internationales. C'est pourquoi, le projet de reformes engagé en 1991 a dû surmonter les épreuves les plus difficiles, avant d'être réalisé. À ces difficultés purement internes à l'Afrique centrale, on peut ajouter l'immixtion extérieure qui a également influencé ce projet.

B- Une difficulté liée à l'immixtion externe

L'ensemble des mesures de relève de l'économie africaine, proposé ou imposé par les bailleurs de fonds, ne pouvait plus permettre aux États membres de l'UDEAC de poursuivre leurs actions en faveur de l'intégration sous-régionale. Parmi ces mesures, on avait le programme d'ajustement structurel et l'incursion du FMI et de la Banque mondiale dans les affaires internes de la sous-région.

1- L'Afrique centrale sous ajustement structurel

La grande crise économique de la fin de la décennie 1980 est la conséquence directe de l'instabilité des prix des matières premières sur les marchés, de l'évolution de la conjoncture mondiale, des fluctuations des taux de change, des glissements de la demande… . Les pays du Tiers-monde en général et africains en particulier ne pouvaient plus honorer leurs engagements. On a noté en conséquence, un recul systématique du revenu national, un important déficit budgétaire et parfois une inflation. Cette situation limitait gravement l'arrimage des économies nationales aux nouvelles exigences du marché international. C'est alors que la Banque mondiale et le FMI, principaux créanciers des pays d'Afrique, ont soumis à ceux-ci, des mesures palliatives dites programmes d'ajustement structurel. Le PAS dans son originalité exige : le passage d'une économie fermée, strictement contrôlée par l'État, à une économie ouverte de marché ; le rétablissement des équilibres macro-économiques ; la participation active de la communauté donatrice[1]. Pour atteindre cet objectif, les économies nationales doivent être libéralisées, le protectionnisme réprimé,

[1] Lire *Jeune Afrique Économie*, n° 173 de novembre 1993, p. 113.

l'assainissement des finances assuré... Willy Jackson pense à ce sujet que l'UDEAC était devenue une zone de paupérisation avancée, soumise à la mendicité internationale des finances accordées dans le cadre des plans d'ajustements structurels. Le PAS, même s'il est une mesure susceptible de faire amorcer les économies de la sous-région, a contribué à désengager les États par la baisse des masses monétaires. Par exemple, au Cameroun, le budget 1986-1987 d'un montant de huit cent milliards de francs CFA est passé à six cent milliards de francs CFA les deux années suivantes[1]. Face à ces contraintes, les États de la sous-région, jadis peu motivés pour l'intégration, ont trouvé l'argument logique pour expliquer l'accumulation des arriérés en matière de contribution pour le fonctionnement de l'Union. Cet argument est également valable pour justifier le peu d'engouement des chefs d'État aux sommets de l'UDEAC. Au-delà de cette intervention étrangère en Afrique centrale pour des raisons d'application du PAS, on constate que la communauté internationale va reprendre à son compte l'intégration régionale.

2- La pression de la communauté internationale

L'intérêt toujours croissant que la communauté internationale accorde aux sujets relatifs à l'Afrique nécessite une analyse judicieuse et sans passion. S'agissant de l'UDEAC et notamment du projet de réhabilitation du secrétariat général, on a pu noter une implication sérieuse de la Banque mondiale, puis du service de la Coopération française. Parallèlement au PAS sus-mentionné, ces deux institutions lancent à partir de 1990 des programmes dits d'intégration régionale. À l'issue des " négligences" des

[1] Extrait de *Marchés Tropicaux* du 07 juillet 1989, p.2073.

chefs d'État observées au sommet de Bata, la France mécontente, a gelé l'aide d'un milliard deux cent millions de francs CFA qui était prévue pour soutenir le programme de restructuration du secrétariat général de l'UDEAC. Cette menace, à peine voilée, confirme la conception selon laquelle l'intégration régionale était un préalable à la poursuite des négociations macro-économiques. En clair, l'aide en 1998, souligne Philippe Hugon, apparaît " comme une mise sous perfusion permettant à l'État d'assurer le minimum de fonctions régaliennes : elle traduit une ingérence croissante"[1].

Le Programme indicatif régional (PIR), signé dans le cadre du 7ème FED par la Commission européenne et les pays d'Afrique centrale le 14 novembre 1992, s'est inscrit toujours dans la logique du renforcement de l'intégration régionale[2]. Au regard de cette analyse, on s'aperçoit que la communauté internationale s'est significativement déployée en Afrique centrale au début de la décennie 1990. Ce déploiement tous azimuts tient du contexte géopolitique de l'après guerre froide. Avec l'effondrement du socialisme et l'expansion du capitalisme, les années 1990 ont été celles de la mise en mondialisation néo-libérale de la planète. Le capitalisme va donc se servir de l'intégration régionale dans sa stratégie d'investissement de l'espace. Le processus de régionalisation économique, observé à partir de 1990, entièrement préconisé par les institutions financières internationales, avait pour rôle de confronter les économies africaines au credo de l'ouverture du marché

---

[1]Ph. Hugon, *L'économie de l'Afrique*, Paris, La Découverte, 1999, p.104.

[2]Délégation de la Commission européenne en République du Cameroun ; rapport annuel 1998 sur la mise en œuvre des conventions ACP-UE, Yaoundé 1999.

mondial. On comprend que des mesures économiques drastiques (PAS) et politique (démocratisation des institutions) par lesquelles la BIRD et le FMI ont séquestré l'administration du continent, n'ont contribué qu'à fragiliser davantage l'économie de l'Afrique. L'échec des espoirs placés dans les diverses mesures économiques des bailleurs de fonds montre que leur interférence dans le processus d'intégration sous-régionale, était voilée. Même s'il est vrai que cette interférence a fondé les bases par lesquelles l'Afrique s'est arrimée au vaste mouvement de la mondialisation, il demeure également vrai qu'elle a constitué un écueil dans la nouvelle dynamique déclenchée en 1991. C'est dire que la dévaluation du franc CFA intervenue en janvier 1994 ainsi que le PAS avaient pour objectif inavoué, l'assainissement de l'environnement économique sous-régional en vue de le rendre plus attractif à l'investissement étranger. La CEMAC, au regard de cette analyse, a donc été mondialisée avant même sa création effective. Willy Jackson va plus loin en affirmant que la CEMAC actuelle a été une entreprise de sauvegarde et de sécurisation des investissements étrangers dans l'optique de la mondialisation. En dépit de toutes les pressions extérieures et de quelques réticences, la nouvelle structure a été bien pensée, mieux élaborée pour servir de cadre de dialogue et de concertation des solidarités sous-régionales.

II- La marche lente mais progressive vers l'éclosion de 1998 : Substituer la CEMAC à l'UDEAC

L'on serait tenté de dire, à raison, que la mise en place du cadre juridique de la CEMAC a suscité étonnement du scepticisme de la part des décideurs. Cet avis peut être validé par le retard observé dans les procédures d'élaboration et de ratification des textes organiques de la CEMAC.

A- La marche vers l'éclosion de 1998

De la phase initiale (projet) à la phase terminale (création), la CEMAC a singulièrement connu deux moments distinctement séparés par l'année 1994, date de sa création officielle. Avant cette date, la communauté est encore un projet. Après cette date les textes organiques issus du traité de N'Djamena sont dans les rouages de la ratification.

1- Élaboration des traités constitutifs de la nouvelle communauté

À l'origine de la CEMAC, on avait la reforme bancaire des années 90 dont l'objectif était de juguler les méfaits de la crise économique. La Commission bancaire de l'Afrique centrale (COBAC), régie par la convention du 16 octobre 1990, s'est chargée de l'harmonisation des réglementations et du contrôle de l'activité bancaire. Cette reforme, signée le 17 janvier 1992, annonçait l'imminence de la nouvelle structure. Pendant ce temps, le gouverneur de la BEAC et un groupe d'experts, à la demande des chefs d'État, ont réfléchi sur une nouvelle approche de l'intégration économique dans la sous-région. À l'issue de plusieurs ateliers de réflexion, un rapport leur a été adressé trois ans plutard par le comité d'experts. Ce rapport contenait une proposition fondamentale : la relance du processus d'intégration dans la sous-région à travers une nouvelle organisation. De l'avis des experts, cette organisation pour être efficace et efficiente, devait fusionner la coopération monétaire engagée sous la houlette de la BEAC et l'intégration économique et douanière initiée dans le cadre de l'UDEAC. Au cours d'un sommet informel de l'UDEAC tenu à Brazzaville le 28 février 1994, les chefs d'État ont pris connaissance du rapport des experts et du projet de textes devant régir la future Communauté économique et monétaire de l'Afrique centrale. Le 16 mars de la même année, réunis à N'Djamena lors d'un sommet de l'UDEAC, les chefs d'État ont approuvé le projet de textes. C'est alors qu'ils décident du lancement de la CEMAC. Dès lors, s'ouvre une période de ratification du traité par les États membres.

2- L'adoption des textes de la CEMAC

La période de l'adoption des textes de la CEMAC est la plus longue dans l'itinéraire qui a conduit à son entrée en vigueur. Outre le traité institutif de mars 1994, les experts ont continué leurs travaux. C'est alors que le 05 juillet 1996 à Libreville, est signée une série de traités additifs relatifs au système juridique et institutionnel de la CEMAC et des conventions régissant l'Union économique d'Afrique centrale (UEAC) et l'Union monétaire d'Afrique centrale (UMAC). Au fur et à mesure, les États membres ont ratifié les textes organiques de la CEMAC. Toutefois, le renvoi à plusieurs reprises de l'entrée en vigueur de la communauté dû aux retards accusés dans la ratification, est la preuve que des hésitations et des réticences des uns et des autres n'étaient pas entièrement aplanies. On comprend donc que la souveraineté des États en Afrique est si présente dans les esprits que, céder une infime part de son autorité au profit de l'intégration régionale, s'apparente à une déchéance. Le Cameroun par exemple a illustré son hésitation d'abord par des réserves émises par la commission des affaires étrangères de l'Assemblée nationale[1]. Par la suite, le temps mis par le Cameroun entre la création et la ratification des traités le prouve. En effet, le Cameroun ratifie le traité institutif, l'additif au traité et les conventions régissant l'UEAC et l'UMAC quatre ans plutard par décret n° 98-274 du 23 octobre 1998[2].

Malgré les hésitations et les réticences relevées plus haut, les traités de la CEMAC ont été signés. Après une longue période de maturation, les chefs d'État, réunis lors du 33e sommet de l'UDEAC à Libreville en 1998, ont proclamé unanimement la fin de l'UDEAC et la naissance de la CEMAC.

B- La CEMAC : un nouvel espoir pour l'Afrique centrale ?

La nécessité pour l'Afrique centrale de s'afficher en modèle et de faire valoir ses voix au concert des nations était devenue préoccupante. Les nouveaux concepts tels que la mondialisation, le libéralisme... exigeaient une extrapolation des frontières étatiques et des marchés étriqués, pour laisser place aux espaces économiques intégrés, viables et épanouis. C'est pourquoi en amont de la CEMAC, on a le legs de l'UDEAC et en aval, les instruments juridiques pour la surveillance multilatérale.

---

[1] Le rapport présenté par la commission des affaires étrangères de l'Assemblée nationale lors de la session ordinaire de juillet 1998 sur le projet de loi n° 643/PJI/AN et autorisant le Président de la République à ratifier le Traité instituant la CEMAC, le démontre.

[2] J.O de la République du Cameroun du 1er novembre 1998, p.1386.

1- Le transfert de l'héritage avec amélioration de la charte

De l'UDEAC à la CEMAC, il n'y a pas eu rupture. La CEMAC s'inscrit ainsi dans la continuité d'une œuvre d'uniformisation des espaces économiques, pensée en 1964, mais hypothéquée par la conjoncture politique, économique et par le jeu victorieux des égoïsmes. Elle est fille de l'UDEAC donc elle s'inspire. La reforme fiscalo-douanière entreprise au début de la décennie 90 par l'UDEAC a servi de base d'inventaire pour la création de la CEMAC. Ce lien étroit entre l'héritage de l'UDEAC et le patrimoine de la CEMAC est d'ailleurs reconnu dans le préambule du traité instituant la CEMAC en ces termes : "prenant acte de l'approche d'intégration proposée en UDEAC..."[1].

Mais, au-delà de ce transfert, on note une nette amélioration de la charte de la CEMAC. Conformément aux objectifs assignés à celle-ci, des structures nouvelles ont été créées telles que l'UEAC et l'UMAC contenues dans l'additif au traité de 1994. C'est donc comprendre que la CEMAC est approfondie et joue un rôle politique et diplomatique sur l'échiquier africain[2]. Elle renferme des facilités de convergence macro-économique et budgétaire. Elle s'est, en définitive, greffée autour de la mondialisation et de la régionalisation, en souscrivant au plan comptable OHADA, aux exigences de la Conférence interafricaine des marchés d'assurance (CIMA), à l'Observatoire économique et statistique d'Afrique subsaharienne (AFRISTAT). La mise en circulation " imminente" de la

[1]Voir préambule du traité instituant la CEMAC, signé le 16 mars 1994.

[2] D. G. Awoumou Côme, " CEMAC : un scepticisme justifié ?", *Enjeux*, n° 14, janvier-mars 2002, p.36.

carte rose CEMAC, du passeport CEMAC, de la plaque d'immatriculation CEMAC ainsi que le lancement d'une compagnie aérienne communautaire, participent d'une volonté de faciliter la circulation des personnes[1]. Il reste donc que ces multiples instruments indispensables, soient réellement crées, pour mettre en route la CEMAC aux multiples ambitions. Pour cela, les États seront soumis à un respect strict à travers les instruments juridiques créés à cet effet.

2- Les instruments juridiques de la CEMAC

Deux instances fondamentales permettent de saisir la CEMAC dans son évolution normative. Ces instruments, dotés d'un pouvoir de coercition, sont chargés de veiller à la régularité des engagements des États membres vis-à-vis de la CEMAC. De même, ils sont tenus de rechercher un compromis, en cas d'avis divergents. Il s'agit du Parlement communautaire et de la Cour de justice communautaire, régis par l'article 02 du traité instituant la CEMAC. L'additif au traité du 05 juillet 1996, dans son article 25, mentionne sans profondeur, le rôle de ces deux instruments[2]. La Cour de justice communautaire comprend deux chambres : une chambre des comptes et une chambre judiciaire. La première est chargée du contrôle budgétaire, tandis que la seconde assure le respect du droit dans l'interprétation et dans l'application du traité et ses conventions. Le Parlement communautaire quant à lui s'occupe du contrôle du fonctionnement des activités de la

[1] P. de Manfred, " Intégration régionale : une nouvelle donne ?", *Marchés Tropicaux,* n° 3039 du vendredi 6 février 2004, p.288.

[2] Pour plus de détails, lire Alain Thierry Mvogo Mvogo, "Le système institutionnel et juridique de la CEMAC : étude du droit de l'intégration régionale ", Mémoire de DESS en Relations internationales, Université de Yaoundé II-IRIC, 2000.

communauté. Le cadre juridique de la CEMAC, judicieusement élaboré, est le signe que loin de l'UDEAC, les fondateurs se sont souvenus de ce que toute intégration véritable exige un minimum de contraintes. Le parlement sous-régional (siégeant à Malabo) a été mis en place au début de l'année 2010 pour une efficacité incertaine.

3- La CEMAC : Communauté de destin et méfiance réciproque

Le démon de la désunion qui a précipité l'UDEAC dans l'impasse, rode encore dans les têtes. Les conflits territoriaux, les rivalités aux sommets et la querelle de leadership ou le débat sur le partage des postes stratégiques de la structure entretiennent la panne de la CEMAC. L'un des plus drastiques écueils de la CEMAC demeure la querelle de leadership. Hier, le Cameroun et le Gabon se livraient une bataille souterraine pour le contrôle des postes stratégiques de l'Union. Aujourd'hui, le tissu des contestataires du consensus de Fort-Lamy de 1973[1] s'est élargi à la Guinée Équatoriale. Au-delà de ce *Gentlemen's Agreement* datant de l'époque de l'UDEAC durant laquelle la Guinée Équatoriale n'était pas encore membre, il convient de préciser que cette dernière a acquis entre temps une puissance financière incontestable qui lui permet d'exiger une refonte de cet accord désuet. Nouvel

[1] Cet accord qui porte l'ancien nom de la capitale du Tchad, fixait les règles de répartition des postes au sein de l'ensemble des structures sous-régionales. Par exemple, il prévoit que le gouvernorat de la BEAC revient au Gabon, le vice-gouvernorat au Congo ou au Tchad. En contrepartie, son siège se trouve au Cameroun. Concernant l'appareil exécutif, il est dirigé par un Camerounais et son siège est fixé à Bangui. En outre, Brazzaville abrite le siège de la BDEAC ; N'Djamena, la cour de justice communautaire ; Libreville la Bourse régionale et Malabo le parlement communautaire.

eldorado pétrolier[1], monarchie pétrolière du golfe de Guinée où affluent les pétrodollars, la Guinée Équatoriale (moins de cinq cent mille habitants pour un budget 2008 estimé à mille cinq cent milliards de francs CFA) revendique une redistribution des postes de la communauté. Théodoro Obiang Nguema réclame aujourd'hui des postes de responsabilité pour ses compatriotes, équitables à ses avoirs (près de 50 %) logés à la COBAC[2]. Les tractations de la Guinée Équatoriale, au départ de couloirs, se sont révélées au grand jour lors du sommet de N'Djamena du 25 avril 2007. Par exemple, après avoir mis en cause le fonctionnement de la communauté et réclamé des audits, Malabo a profité du sommet de N'Djamena pour obtenir le départ du Gabonais Jean-Félix Mamalepot (ancien gouverneur de la BEAC). Auréolé de récolter sur le terrain politique les dividendes de leur activisme, le ministre équato-guinéen de l'intégration régionale, Baltasar Engonga Edjo, s'adressera à un journaliste de *Jeune Afrique* en ces termes :

> Le comité de pilotage a obtenu l'approbation de son rapport d'étape qui institue l'égalité au niveau de la représentation et de la collégialité dans les prises de décisions. Nous allons maintenant proposer d'instituer une rotation à la tête de la commission de la CEMAC et de la Banque centrale. Le président de la commission sera nommé pour un mandat de quatre ans renouvelable une fois, et le gouverneur de la BEAC pour un mandat de sept ans non renouvelable. Une rotation sera instituée entre États membres selon l'ordre alphabétique en français.

[1]Malabo fait aujourd'hui figure de nouveau riche. Avec une production pétrolière de 17 millions de tonnes pour l'année 2008, ses avoirs extérieurs ont atteint mille cinq cent soixante dix-huit milliards de francs CFA en fin décembre 2006 ; soit une hausse de 26,7 %. Lire *Jeune Afrique*, n° 2420 du 27 mai au 02 juin 2007, p-p. 65-71.

[2] Le dossier de *La Météo*, n° 192 du 23 juin 2008, p-p.5-7.

J'espère que cette reforme pourra être adoptée au sommet des chefs d'État qui se tiendra en mars 2008 à Yaoundé, comme l'avait initialement prévu le comité de pilotage.

À cette bataille, se greffe un complexe que le temps n'a pas su ensevelir et qui anime le trio de tête de la sous-région d'Afrique centrale. Longtemps considérés avec condescendance par leurs voisins Librevillois, pratiquement vassalisés, les Équato-guinéens prennent aujourd'hui leur revanche sur un destin qui leur sourit[1]. L'embellie économique de cet État-lilliputien dopé par les pétrodollars survient au moment où la production de pétrole du Gabon amorce une décroissance. La remise en cause du co-leadership du Gabon qui a pourtant contribué à la facilitation de l'adhésion de la Guinée Équatoriale à l'UDEAC dans les années 1980, s'ajoute au problème de l'îlot de Mbanié. En effet, Malabo et Libreville se disputent l'îlot de Mbanié (trente hectares) potentiellement riche en pétrole et autres ressources halieutiques depuis 1972. Après que les instances africaines se soient saisies de l'affaire courant 1980, la médiation de l'ONU menée par l'avocat canadien Yves Fortier est sans résultat. La partie gabonaise, courant 2006, envisageait de porter l'affaire à la Cour internationale de justice de la Haye alors que le président Obiang Nguema semble disposé à accepter une gestion conjointe des ressources de cet îlot. Bien plus, les relations bilatérales Yaoundé-Malabo ne sont pas cordiales. Depuis plus d'une décennie, les ressortissants camerounais sont taxés de persona non grata en Guinée Équatoriale. Cette inimitié s'est souvent matérialisée par une escalade de violence, suivie des expulsions massives des ressortissants camerounais. À des fréquences régulièrement disproportionnées, des

[1] *Jeune Afrique*, n° 2420 du 27 mai au 02 juin 2007, p.69.

Camerounais sont sommés de libérer le pays. La séquence la plus illustrative est cette expulsion massive des Camerounais de Guinée Équatoriale en décembre 2008, suivie d'une réponse péremptoire du gouvernement camerounais qui y a dépêché un avion pour le rapatriement de ses ressortissants. À ces séquences, il faut adjoindre le rapt d'un ancien colonel équato-guinéen, refugié au Cameroun et ramené nuitamment à Malabo en mars 2009, qui n'a pas été apprécié du gouvernement camerounais. Enfin, l'axe Yaoundé-Libreville, souvent ambivalent, souvent passionnel, constitue le nœud gordien de la CEMAC. Les quelques absences aux sommets de l'UDEAC/CEMAC du président camerounais, perçues comme signe d'arrogance par les Gabonais (mais comme repli stratégique par les Camerounais) tranchent avec le franc-parler, souvent exaspérant, de feu Omar Bongo Ondimba au sujet du Cameroun. L'incident conjoncturel lié au siège de la Bourse des valeurs mobilières de la sous-région en 1999 s'est ajouté au lot d'expulsions des Camerounais du Gabon depuis le début de la décennie 1980. Fort heureusement, la francophilie inconditionnelle semble prévaloir. Les chefs d'État de la sous-région ne cessent de clamer l'urgence de la mise en route des reformes pour rendre la CEMAC plus attractive ; plus intégratrice. Le président camerounais dans une éloquence parfaite, lançait un autre appel à l'occasion de l'ouverture du neuvième sommet des chefs d'État de la CEMAC le mardi 24 juin 2008 à Yaoundé en ces termes :

> Le temps n'est plus au simple replâtrage institutionnel. Pour réussir nos reformes et faire de la CEMAC un grand projet d'avenir, nous devons être audacieux et ouverts. Audacieux parce qu'on ne construit rien de grand sans audace. N'ayons pas peur des idées nouvelles. Ce sont elles qui sont porteuses d'avenir. Ouverts, parce qu'il faut

accepter de faire une place à chaque ressortissant de nos pays dans notre sous-région, reconnaître à chacun les mêmes droits, s'engager à concrétiser les projets structurants et intégrateurs de notre communauté, mettre en œuvre les libertés de circulation qui traduisent notre volonté de donner à la CEMAC le contenu qu'en attendent les peuples d'Afrique centrale[1].

Ce discours, peut-être novateur, ou simple reprise sans effet des anciens discours, est séduisant dans sa forme et son contenu. Discours de conscientisation ou de rupture, son mérite c'est d'avoir été prononcé car ses effets sont encore visiblement attendus du grand nombre. En somme, sur les ruines de l'UDEAC, est née la CEMAC qui par fatalité, peut-être, semble prédestinée à un avenir "glorieux" sur la très longue durée. Les querelles de leadership sous fonds d'intrigues réciproques entre les plus nantis, n'apportent pas la sérénité suffisante qu'attendent les citoyens de la sous-région.

4- L'Afrique centrale au XXIe siècle : faire face au système-monde et contribuer au développement de l'Afrique

L'Afrique à l'ère des grands regroupements régionaux a besoin d'une dimension prospective. La réflexion et l'action sont deux armes redoutables pour combattre l'amateurisme et l'improvisation en Afrique. C'est dans cette perspective logique et dynamique que se situe la pertinence de ce que Maurice Kamto appelle "l'urgence de la pensée "[2]. L'Afrique centrale dans le cadre de l'UDEAC

[1]Extrait du discours du président Paul Biya à l'ouverture du 9e sommet de la CEMAC le 24 juin 2008 à Yaoundé, *Cameroon Tribune*, n° 9126/5325 du mercredi 24 juin 2008, p.30

[2]M. Kamto, *L'urgence de la pensée. Réflexion sur une précondition du développement en Afrique,* Yaoundé, Ed. Mandara, 1993.

n'a pas rempli son contrat. Pourtant, elle a connu des dirigeants soucieux de l'avenir du continent et de l'humanité entière. C'est le cas du président Ahmadou Ahidjo qui s'adressait en 1970 à ses homologues en ces termes :

> Nous sommes des ouvriers d'une Afrique nouvelle et nous devons avoir pleinement conscience que travaillant pour le progrès et la grandeur de l'Afrique dans sa partie centrale de notre continent, nous travaillons en fin de compte pour l'humanité entière[1].

Le temps a malheureusement eu raison de cette ambition. L'Afrique s'est retrouvée à la marge des principaux circuits d'échanges. Mais, elle s'est offerte une perspective à travers la CEA, le Plan d'action de Lagos et le Traité d'Abuja. Les sempiternelles crises politico-économiques de la décennie 1980 en Afrique centrale sont à l'origine du déclenchement du mouvement progressif de concertation. L'UDEAC, restructurée mais toujours fragilisée, passe le témoin à la CEMAC dont la mission est de réaliser une intégration économique et monétaire dans un contexte de mondialisation. Cette mondialisation étant devenue l'un des faits marquants des relations internationales englobant tous les phénomènes sociaux dans sa rationalité, la CEMAC n'a pas échappé à ce schéma classique. Toutefois, une inquiétude reste persistante face à l'absorption de la CEMAC par la mondialisation. Des actions d'envergure telles que le recentrage de l'intégration régionale, la mobilisation sociale autour des questions sur l'intégration régionale

[1]A. Ahidjo, Discours d'ouverture du sixième sommet de l'UDEAC à Yaoundé en 1970, *La presse du Cameroun*, n° 6173 du 19 au 20 décembre 1970, p.4.

avec le développement d'une citoyenneté régionale sont nécessaires. Mais, au-delà de ces considérations, il est judicieux d'élaborer et d'entretenir une identité historique sous-régionale par laquelle l'Afrique centrale va s'offrir les moyens de son émergence. Le patrimoine historique de l'Afrique ajouté à ses énormes potentialités, à ce titre, peut créer une personnalité sous-régionale s'identifiant à elle-même, capable de sortir l'Afrique du gouffre de la marginalisation. II s'agit en réalité de développer les conditions susceptibles de permettre aux individus de mieux se sentir concernés par les questions d'intégration. C'est alors que, conscients, ils pourront par la mise en valeur des richesses de la sous-région, intervenir dans la construction du tissu économique de l'Afrique centrale. C'est en cela que cette partie du continent, partant des bases internes, pourra élargir son marché et affronter les vents de la compétition mondiale.

CONCLUSION GÉNÉRALE

En entreprenant ce travail, nous entendions examiner la prééminence du Cameroun à l'UDEAC, mettre en exergue les mécanismes de gestion et de fonctionnement de l'UDEAC afin de procéder à une explication de son inefficacité. C'est ainsi que nous avons pu allier les faits en remontant à la genèse de 1'UDEAC qui en a constitué la première partie. Après avoir décrit la dynamique de coopération des États d'Afrique centrale déclenchée pendant la période coloniale, des limites ont été répertoriées. Il s'est agi des éléments non exhaustifs qui ont, au préalable, hypothéqué le fonctionnement de l'UDEAC tels que l'inadéquation entre les textes et les objectifs fondamentaux, l'absence des moyens de coercition… Il a également été procédé à une tentative d'explication de l'attribution du secrétariat général de l'UDEAC au Cameroun. L'examen de la situation physique, sociale, politique et économique du Cameroun s'est avéré plausible pour justifier ce choix. La deuxième partie de ce travail nous a permis d'évaluer l'UDEAC dans son évolution. Pour le faire, nous avons pris en compte de façon significative les mandats de deux secrétaires généraux entre 1982 et 1998. La troisième partie, quant à elle, s'est préoccupée de la nébuleuse que constitue la circulation des personnes et des biens, toujours décriée mais jamais harmonisée. Par la suite, un maillage entre l'UDEAC et la CEMAC a été scellé ; question de dénicher les connivences politiques, les superpositions juridiques et les nouveautés institutionnelles des deux structures. Il s'est dégagé de cette étude deux constats fondamentaux : toutes les actions menées par les secrétaires généraux entre 1982 et 1998 visaient à redynamiser l'UDEAC ; les États de la sous-région, chacun pris individuellement, se sont dessaisis du projet d'intégration. En conséquence, les deux secrétaires généraux, " chefs d'orchestre" en matière de gestion administrative, en dépit des efforts consentis, n'ont nullement mis l'UDEAC sur sa trajectoire originelle. Ils sont restés de véritables gestionnaires du personnel de Bangui tels que consigné dans les textes organiques. Ne disposant d'aucun pouvoir décisionnel en matière d'orientation politique générale de la structure, ils ont assisté, impuissants, à une union mal négociée par les dirigeants d'Afrique centrale. La conséquence directe de cette situation est la mort programmée de l'UDEAC, étant entendu que les secrétaires généraux sont restés en marge des grandes décisions. Il s'est avéré justifié que l'échec de l'UDEAC est conséquent à l'absence de volonté politique. L'Afrique centrale dans le cadre du processus d'intégration, a très vite cédé aux égoïsmes et aux paresses des dirigeants qui n'ont pas compris les enjeux réels de l'UDEAC. De graves contradictions entre l'idéal communautaire et la construction des espaces nationaux ont désagrégé l'esprit sous-régional. Les économies sous-régionales sont restées extraverties et les rapports Afrique centrale-Europe, renforcés. Les chefs d'État n'ont fait montre que de grande sympathie dans les discours tenus aux sommets de l'UDEAC, sans lui donner les chances de parvenir à un espace sous-régional intégré. Ainsi, la volonté africaine de développement est restée un mythe consacré. En effet, rien dans l'état actuel des recherches en matière de développement ne permet d'affirmer avec certitude que l'Afrique est mue par un indiscutable désir de progrès. L'Afrique centrale à l'ère des grands regroupements régionaux a besoin d'une dimension prospective. La réflexion et l'action sont deux armes redoutables pour combattre l'amateurisme et l'improvisation en Afrique. C'est dans cette perspective logique et dynamique que se situe la pertinence de l'urgence da la pensée. La CEMAC, héritée de l'UDEAC, peut être entreprenante et compétitive à l'heure de la mondialisation où on assiste au délitement de la souveraineté des États. Bien qu'il soit possible de louer les efforts consentis lors de la 10e session ordinaire de la conférence des chefs d'État de la CEMAC tenue les 15, 16 et 17 janvier 2010 à Bangui, il demeure vrai qu'il faut limiter le seuil du satisfecit. L'Acte final de Bangui apporte au plan fonctionnel une révolution significative. Désormais, l'accord de Fort-Lamy, de plus en plus contesté, a été abrogé. En conséquence, le Gabon a perdu le gouvernorat de la BEAC dont le nouveau commandant, Lucas Gaba Nchama, est de nationalité équato-guinéenne. Bien plus, la BDEAC est désormais gérée par un Gabonais, autant que Brazzaville abritera le siège d'Air CEMAC. De même, les dirigeants de la sous-région ont annoncé la mise en circulation du passeport biométrique CEMAC pour la fin du premier trimestre 2010. Le principe de rotation des postes de responsabilité aux institutions de l'organisme a été consacré. En dépit de tout, une reterritorialisation du cadre de la décision politique à ces fins est indispensable pour insuffler un nouveau dynamisme à l'Afrique centrale. Les pouvoirs politiques, s'ils se désolidarisent du monopole de l'intégration sous-régionale, peuvent créer un sentiment par lequel le peuple se sentira appartenir à la sous-région. C'est dire que la confiance, une diplomatie de l'intégration sous-régionale et l'élaboration d'une personnalité sous-régionale sont des conditions nécessaires à la dynamique d'intégration en cours en Afrique. Sans ces préalables, l'Afrique centrale sera condamnée à subir les effets pervers de sa non-intégration et de sa non-mondialité.

ANNEXES

Discours d'ouverture du dix-huitième sommet de l'UDEAC prononcé le 17 décembre 1982 à Yaoundé par le Président Paul Biya

Messieurs les Chefs d'État et Chers Frères,

Messieurs les Représentants des organisations internationales,

Messieurs les Ambassadeurs,

Honorables Invités,

Mesdames, Messieurs,

Il ya quatre ans, dans l'ambiance chaleureuse qui caractérise vos retrouvailles fraternelles périodiques, votre illustre et prestigieux frère, S. E. Ahmadou Ahidjo, vous accueillait ici même à Yaoundé à l'occasion du XIVe sommet du Conseil des Chefs d'État de l'Union Douanière et Économique des États de l'Afrique centrale.

Aujourd'hui, après le changement intervenu à la tête de l'État du Cameroun, c'est pour moi un insigne honneur, en même temps qu'un agréable devoir de vous souhaiter, au nom du peuple camerounais entier, de son gouvernement et en mon nom personnel, une cordiale et fraternelle bienvenue en terre camerounaise. Les habitants de Yaoundé, capitale de la République Unie du Cameroun, sont heureux et fiers de vous accueillir dans leur cité, devenue pour la circonstance, capitale de l'Afrique centrale.

Messieurs les Chefs d'État et Chers Frères,

En m'adressant à vous pour la première fois, et en ma qualité de Président de la République Unie du Cameroun et Président en exercice du Conseil des Chefs d'État de l'UDEAC, je tiens tout d'abord à rendre un vibrant et déférent hommage à celui-là même qui, pendant plus de vingt-cinq ans, a conduit avec bonheur les destinées du Cameroun ; à celui-là même qui, avec sagesse et persévérance, a contribué à la naissance et à la consolidation de l'UDEAC, à la création et au rayonnement de l'Organisation de l'Unité Africaine, au renforcement de la coopération et à la sauvegarde de la paix dans le monde. J'ai nommé S. E. le Président Ahmadou Ahidjo, Père de la Nation camerounaise.

Il me plaît de saluer la présence dans cette salle des éminents représentants des organisations internationales qui, par leur présence assidue à nos travaux, réaffirment le soutien résolu qu'elles apportent à nos efforts de développement et au renforcement de la coopération entre elles et l'UDEAC.

Messieurs les Chefs d'État et Chers Frères,

La République Unie du Cameroun demeure, aujourd'hui comme hier, profondément attachée aux idéaux de paix et de coopération au niveau international, interafricain et à plus forte raison au niveau régional. C'est pourquoi, le Cameroun a toujours apporté sa modeste mais ardente contribution à l'œuvre ô combien exaltante, d'édification d'une Afrique forte et prospère, d'une Afrique mieux organisée et plus confiante en son avenir. Pour faire triompher une si noble cause, le Cameroun a souscrit, avec les autres pays africains, à la Déclaration de Monrovia, et a approuvé le plan de Lagos visant à la création d'un marché commun à l'échelle du continent à l'horizon 2000. Dans cette perspective, le Cameroun participe activement aux travaux entrepris depuis un an en vue de la création sur des bases objectives d'une communauté des États de l'Afrique centrale.

Mais, Messieurs les Chefs d'État et Chers Frères, nous avons toujours estimé que la coopération économique au niveau du continent, pour être solide et efficace, ne peut se construire de manière réaliste et durable que sur la base d'intérêts accessibles à la conscience des populations qu'elle concerne.

En d'autres termes, le Marché commun africain que nous appelons de nos vœux, et d'autres formes d'intégration à l'échelon continental ne peuvent se réaliser qu'à travers des cercles concentriques de solidarité, c'est-à-dire au sein d'organismes de coopération sous-régionale constituant des ensembles économiques réalistes, articulés et cohérents.

Notre Union Douanière et Économique de l'Afrique Centrale s'inscrit parfaitement dans cette visée. Et notre conviction, confortée par l'expérience largement positive de dix-huit années d'expérience de l'UDEAC, nous paraît toujours valable et ce, plus particulièrement dans la conjoncture internationale en crise que nous vivons, qui nous fait par conséquent un devoir impérieux de maîtriser toujours davantage les destins économiques de nos pays afin d'assurer de manière toujours plus efficace leur développement.

L'UDEAC en définitive, par d'incontestables acquis accumulés, s'est révélée l'instrument privilégié destiné à jouer un rôle moteur pour le développement, le rapprochement et l'épanouissement des peuples de l'Afrique centrale, en même temps qu'un noyau modèle, une base réaliste et concrète pour la coopération internationale.

Toutefois, Messieurs les Chefs d'État et Chers Frères, en dépit de nos acquis, positifs à bien des égards, beaucoup reste à faire. Notamment dans le sens d'une véritable intégration économique de notre sous-région. C'est dans ce contexte qu'il a été décidé de prescrire une étude d'évaluation de notre organisation au stade où nous nous trouvons, pour apprécier le chemin parcouru, avant de nous lancer, mieux assurés de la justesse et de l'efficacité de nos options et de nos démarches, vers d'autres conquêtes.

En effet, s'agissant d'une œuvre de longue haleine, il nous faut sans cesse la perfectionner afin de l'adapter à l'évolution de la conjoncture, afin aussi de la préparer à s'ouvrir sur d'autres cercles africains de solidarité de même vocation.

Nous demeurons cependant confiant en l'avenir d'un développement accéléré, intégré et harmonieux de nos États et de nos peuples, confiants dans la volonté politique tant de fois exprimée, confiants dans les efforts déployés par les agents économiques.

Ce qui interpelle chacun de nous, c'est de renouveler l'engagement de rester fidèle à nos objectifs fondamentaux, c'est-à-dire de réaliser une interprétation nécessaire de nos économies par la mise en commun de nos possibilités. Il nous faudra nous efforcer de transcender ces obstacles à la coopération régionale que constituent la dimension de nos territoires, la densité de nos populations, le volume de nos ressources, l'enclavement, la tentation au repli sur soi.

Messieurs les Chefs d'État et Chers Frères,

L'ordre du jour des assises qui nous réunissent aujourd'hui comporte une quarantaine d'affaires touchant à divers domaines : douanes, fiscalité, statistiques, transports, postes et télécommunications, tourisme, science et technique, industrialisation, échanges commerciaux, emploi, budget des organismes de l'Union… La plupart de ces affaires ont déjà été examinés par nos experts et nos ministres dans un esprit de franchise et de compréhension qui a toujours caractérisé nos rencontres périodiques. À notre niveau, nous aurons à prendre des décisions importantes qui conditionnent la vie de notre Union et qui engagent l'avenir de nos pays et de nos peuples respectifs.

C'est donc en toute confiance que je forme le vœu que nos travaux soient, comme toujours, couronnés de succès et portent ainsi, une fois de plus, témoignage de la maturité de notre organisation et de notre détermination à promouvoir le progrès économique, social et culturel de notre sous-région et de nos peuples, ainsi que de contribuer à bâtir une Afrique capable d'apporter dans la dignité et la responsabilité, une contribution efficace à l'édification de la civilisation de l'universel.

Il ne saurait, nous en sommes persuadés, en être autrement, car, comme le disait mon illustre prédécesseur lors de la signature du Traité créant l'UDEAC, je cite : "Cette Union Douanière et Économique est, certes, dans la nature des choses ; et la géographie, l'histoire ainsi que les affinités ethniques, la commandaient. Nous sommes également conscients que bien des forces centrifuges en revanche se sont manifestées et ne manqueront pas de continuer à se manifester en Afrique pour contrecarrer les actions constructives du genre de la nôtre... . Les nations africaines doivent écouter la voix de la tolérance et offrir au monde l'exemple d'une coopération entre les États, dont les tendances politiques peuvent être différentes, mais qui ont en commun leur immense bonne volonté, le respect absolu de la souveraineté et des idéaux de leurs voisins, leur indomptable courage et leur inépuisable foi dans la destinée de notre continent et de ses habitants qui ont su dans les souffrances et les humiliations du passé, se forger une âme à la hauteur de leurs aspirations" fin de citation.

Je déclare ouverte la 18ème session ordinaire du Conseil des Chefs d'État de l'Union Douanière et Économique de l'Afrique Centrale.

Vive l'Union Douanière et Économique des États de l'Afrique Centrale

Vive l'Union Africaine

Vive la coopération internationale.

Discours d'ouverture du vingt-quatrième sommet de l'UDEAC prononcé le 07 décembre 1988 à Yaoundé par le Président Paul Biya

Messieurs les Chefs d'État,

Messieurs les Ministres,

Monsieur le Secrétaire Général de l'UDEAC,

Messieurs les Ambassadeurs,

Messieurs les Représentants des organisations internationales,

Mesdames, Messieurs,

Au nom de tout le peuple camerounais, je vous souhaite la bienvenue parmi nous.

La République du Cameroun est heureuse et fière d'abriter les assises du 24e sommet des Chefs d'État de l'Union Douanière et Économique de l'Afrique Centrale.

Pendant trois jours, Yaoundé symbolise la capitale de l'Afrique centrale, lieu privilégié de rencontres et d'échanges.

Nous sommes tous convaincus de la nécessité de mener une politique de concertation, de coopération sous-régionale, de solidarité entre les États.

Nous sommes tous unis dans le même idéal.

Notre idéal communautaire de développement, adopté à l'unanimité à Brazzaville le 08 décembre 1964, se réalise jour après jour.

De nombreuses étapes ont déjà été franchies.

Certaines modifications nécessaires ont dû intervenir, mais notre but se rapproche.

La révision en 1974 du traité de l'Union a intégré le programme de l'harmonisation :

- des plans de développement,

- des politiques agricoles,

- des transports,

- de l'enseignement,

- de la recherche scientifique et technique des pays membres.

Les réorientations décidées à Brazzaville en 1984, ont tenu compte de l'arrivée en 1983 de la République de Guinée Équatoriale et du retour apprécié, en 1984, de la République du Tchad.

Notre idéal a su s'adapter à l'évolution et aux changements grâce à notre volonté et notre ambition communes de réussir notre développement.

Il nous faut continuer sans relâche !

…Même si nous avons quelques fois de bonnes raisons de nous sentir découragés.

En effet, la crise économique aiguë que traversent nos pays est une menace très préoccupante pour le développement de la sous-région.

Tous les efforts de croissance sont réduits presque à néant à cause, principalement de la détérioration des termes de l'échange au détriment de nos économies.

C'est injuste ! Alors que des solutions existent !

Au plan politique, les grandes puissances ont démontré que lorsqu'elles veulent fournir des efforts, tout est possible, même la paix.

Elles ont trouvé des solutions concertées à des conflits qui semblaient insolubles comme ceux du Tchad, de la Namibie ou de l'Afghanistan.

Il doit en être de même au plan économique ! Si elles veulent réduire le déséquilibre, elles le peuvent ! Le Nord et le Sud sont interdépendants.

Aider les pays en développement à vaincre la crise revient à créer de nouveaux débouchés pour les pays industrialisés, de nouveaux marchés pour leurs produits.

Tous les pays membres de l'UDEAC ont fait des efforts, de gros efforts.

Ils ont pris conscience qu'ils devaient compter avant tout sur eux-mêmes et sur leurs propres forces.

Nous produisons mieux. Nous gérons mieux et pourtant le déséquilibre s'accentue.

Les pays nantis enregistrent une prospérité toujours croissante, alors que les richesses naturelles des pays en développement ne leur permettent même plus d'assurer les besoins de base des populations.

En outre, des mutations se profilent dans les relations internationales.

Elles ne peuvent pas nous laisser indifférents car elles touchent de près nos intérêts. D'une part, dans quatre ans, nous assisterons impuissants à une échéance qui tournera une page dans l'histoire mondiale : l'avènement de l'Europe des douze, marché unique de 320 millions d'habitants.

Cet événement nous incite à réfléchir à nos nouvelles relations avec l'Europe.

D'autre part, les États-Unis, première puissance économique mondiale, et le Canada tendent à la création d'un ensemble économique nord-américain plus soudé.

Enfin, il est fortement question d'un axe nord-atlantique reliant les États-Unis à l'Europe des Douze pour une plus grande défense de leurs intérêts dans le monde.

Face à cette situation, nous ne pouvons pas rester de simples spectateurs !

Tous les pays d'Afrique et les membres de l'UDEAC en particulier doivent réagir !

Il faut nous mobiliser,

Il faut nous concerter,

Il faut trouver des solutions !

Notre rencontre aujourd'hui offre l'occasion de poursuivre et d'améliorer notre plan d'action.

Les affaires à l'ordre du jour concernent tous les domaines de coopération pouvant accélérer l'intégration économique et sociale de notre sous-région.

Chaque effort fourni dans la voie du développement a une importance capitale.

J'en citerais deux pour exemple :

-l'industrie communautaire des produits pharmaceutiques, le premier parmi nos projets sélectionnés en 1975 à remplir les conditions nécessaires à une mise en place effective.

-la communauté économique du bétail, de la viande et des ressources halieutiques créée en 1987 à N'Djamena.

Mais ce sont des jalons. Tous les domaines doivent être abordés. L'agriculture constitue un secteur essentiel de l'économie africaine. Priorité absolue sera donnée aux projets portant sur :

- Le développement de nos produits vivriers et d'exportation ;

- Le financement de l'agriculture ;

- La promotion d'espèces animales mieux adaptées aux conditions climatiques et sanitaires de notre sous-région.

Dans le domaine des transports, le dossier des compagnies aériennes de l'UDEAC met en évidence nos compagnies nationales aux prises avec un environnement international de plus en plus exigeant.

Elles doivent avoir les moyens de faire face !

Le dossier concernant la nouvelle stratégie d'intégration économique et sociale de l'UDEAC est un rendez-vous avec notre avenir. Il est à la fois l'occasion de dresser un bilan des acquis de l'union depuis sa création et d'envisager une nouvelle politique d'évolution.

L'an prochain notre union aura 25 ans, 25 années de coopération et d'expériences partagées !

25 ans, c'est le moment de se remettre en question pour mieux évoluer et choisir de nouvelles orientations, en conservant, bien sûr le même objectif.

Et notre principal objectif est l'ouverture. Notre sous-région est, et doit rester, ouverte à la coopération.

Toute contribution de pays amis ou d'organisme international à nos efforts de développement a toujours été le bienvenu [...]

L'Union tout entière est très fière de la confiance qui est témoignée.

À travers elle, on fait confiance à des hommes et à des femmes de bonne volonté.

L'UDEAC est fière de son image de solidarité entre Africains, quelle que soit leur origine ou leur religion.

L'UDEAC travaille à l'avènement d'une Afrique centrale unie, dans la perspective d'un marché africain pour l'an 2000, conformément au plan d'action et à l'acte final de Lagos.

Je suis persuadé que les décisions qui sortiront de nos délibérations offriront à la sous-région de nouveaux espoirs.

Je déclare donc maintenant ouverts les travaux du $24^{\text{ème}}$ conseil des Chefs d'États de l'Union Douanière et Économique des États de l'Afrique Centrale.

Discours d'ouverture du trentième sommet de l'UDEAC prononcé le 21 décembre 1994 par le Président Paul Biya

Excellences,

Messieurs les Chefs d'État et Chers Frères,

Mesdames, Messieurs,

Le peuple camerounais et moi-même sommes heureux de vous accueillir aujourd'hui, à Yaoundé, à l'occasion du trentième conseil des chefs d'État de l'union douanière et économique de l'Afrique centrale.

Messieurs les chefs d'État, chers frères, je vous souhaite une chaleureuse bienvenue au Cameroun.

L'UDEAC est née voici plus de trente ans, et, depuis lors, nous nous attelons à la faire vivre pour le bien des peuples de notre sous-région.

Votre présence, ici, et la tenue régulière de nos assises, en dépit des difficultés de tous ordres, confirment l'intérêt que nous portons tous à cette organisation.

En la créant, nos États s'engageaient à mettre en œuvre des objectifs précis :

- Élargissement des marchés nationaux ;

- Développement et renforcement des économies nationales ;

- Création d'un marché commun.

Cette dernière étape étant considérée comme l'aboutissement des efforts visant à réaliser l'intégration économique de la sous-région.

Les raisons qui, à l'époque, ont présidé à la création de l'Union sont, aujourd'hui encore, à la base de l'idéal communautaire que nous poursuivons, qu'il s'agisse de l'étroitesse des marchés de nos différents États, de l'extraversion ou du manque de complémentarité de nos économies.

Il eût été irréaliste d'espérer atteindre intégralement nos objectifs en trente ans.

En effet, hormis les difficultés liées à la réalisation même d'une entreprise de cette envergure, nos pays en construction sont confrontés, quotidiennement, à des problèmes multiples.

Mais, malgré ces difficultés, notre volonté d'intégration s'est matérialisée par la mise en place progressive d'instruments pour promouvoir notre coopération tels que :

- L'Institut Sous-régional de Statistique et d'Économie Appliquée ;

- Le Fonds de Solidarité ;

- Le Code Fiscal et Douanier ;

- La Communauté Économique et Monétaire de l'Afrique Centrale.

Toutes ces initiatives et ces structures témoignent de notre attachement à l'idéal communautaire et de notre volonté d'aller de l'avant, jusqu'au bout de nos ambitions.

Les structures sont nécessaires à la conception, à l'harmonisation et à la coordination de nos actions ; mais à elles seules, elles sont insuffisantes pour assurer la réalité de notre intégration, et elles le demeureront tant que nos intentions ne se seront pas complètement traduites dans les faits.

En effet, certains de nos objectifs sont loin d'être atteints comme, par exemple, l'industrialisation de la sous-région, considérée, à juste titre, comme la pierre angulaire de notre croissance économique.

Sur ce point particulier, vous le savez, la mise en œuvre du programme d'industrialisation prévu par le traité instituant l'Union s'est heurtée à des difficultés.

Le bilan, après trente ans d'existence de notre organisation, reste en-deçà de nos possibilités réelles.

Nous n'avons pas réussi à créer des pôles de développement que nous souhaitions dans la sous-région.

En revanche, la prolifération d'industries de substitution a été favorisée, freinant ainsi des initiatives propres à mettre en valeur nos matières premières locales.

Or, vous en conviendrez, il ne peut y avoir d'industrialisation durable, ni de décollage économique réel, sans la création dans nos pays d'industries de transformation de nos propres matières premières.

Cette question se pose avec encore plus d'acuité après la dévaluation du franc CFA.

Il est certain que nous ne pourront tirer le meilleur partie de cette dévaluation que si nous accroissons et valorisons nos produits d'exportation, en les diversifiant et en procédant à leur transformation par les industries de notre sous-région.

C'est un véritable défi…un défi dont il faut prendre conscience et qui doit nous inciter à mettre en commun nos moyens et à harmoniser davantage nos stratégies.

Faute de quoi, nous risquons de voir compromettre les perspectives que la dévaluation offre à nos pays.

Il en est de l'industrialisation comme des échanges intra-communautaires que nous voulons également promouvoir.

La circulation des personnes et des biens est une finalité essentielle de l'intégration sous-régionale.

Aussi, la levée des obstacles qui entrave encore cette mobilité des hommes et des biens sera-t-elle de nature à créer des conditions plus propices à l'intensification des échanges intra-communautaires.

Et ceci devrait pouvoir se faire sans préjudice des mesures envisagées à l'heure actuelle dans le cadre de la Convention d'Assistance Administrative Mutuelle, pour prévenir ou réprimer la contrebande et les infractions douanières dans les transactions entre nos États.

L'intégration sous-régionale suppose aussi, bien évidemment, l'existence de voies et de moyens de communication entre nos États.

Dans ce domaine également, beaucoup reste encore à faire et il importe que tout soit entrepris pour aplanir les difficultés qui obstruent encore la mise en œuvre de notre programme routier inter-États.

Excellences, Messieurs les Chefs d'État,

Mesdames, Messieurs,

L'UDEAC n'a peut-être pas répondu pleinement à toutes nos attentes mais, elle a le mérite d'exister, d'avoir surmonté les vicissitudes conjoncturelles, de survivre à l'érosion du temps et de demeurer ainsi un motif d'espoir pour tous nos peuples.

Aujourd'hui, après trente années d'une aventure collective aussi délicate qu'exaltante, il s'agit moins d'esquisser un bilan que de réaffirmer notre détermination commune à poursuivre nos efforts vers l'intégration, convaincus que nous sommes que ce choix est bon et salutaire pour tous nos peuples.

Il est naturel que chaque État soit enclin à privilégier ses projets, ses besoins, ses intérêts.

Les conséquences de la crise économique ont également eu pour effet de polariser toute notre attention sur nos problèmes intérieurs, au détriment des objectifs collectifs que nous nous sommes fixés.

Mais il est incontestable que, face à l'ampleur et à la nature des problèmes auxquels nous sommes tous confrontés aujourd'hui, notre salut collectif réside dans le renforcement de notre solidarité.

Qu'il s'agisse :

- de la maîtrise des cours de nos matières premières ;

- du fardeau toujours croissant de la dette ;

- du déséquilibre persistant des termes de l'échange ;

- des risques de marginalisation qu'encourt notre continent ; c'est ensemble, en nous serrant les coudes, en confrontant nos idées, en unissant nos forces, que nous trouverons des réponses appropriées et des solutions à la plupart de ces problèmes.

La dégradation de nos économies a même parfois fragilisé nos souverainetés nationales en les soumettant à la dure loi de l'ajustement.

Et pourtant, malgré les efforts effectués, les avancées de la démocratie, et les sacrifices énormes consentis, l'aide qui nous est apportée demeure bien en-deçà des besoins financiers nécessaires au redressement et à la relance de nos économies.

Il nous faut donc en appeler encore au soutien accru de nos amis et partenaires du Nord, car, il faut le réaffirmer, l'Afrique ne porte pas seule la responsabilité de la situation économique grave dans laquelle elle se trouve aujourd'hui.

Mais, quel que soit le degré de responsabilité des uns et des autres, dès lors que nous connaissons les causes de la crise, nous devons nous atteler à mettre en place, avec courage, les mesures nécessaires pour la juguler et redresser nos économies.

Ce que nous souhaitons, c'est qu'on nous aide, qu'on nous aide à la hauteur de nos besoins, qu'on nous aide à la hauteur de nos efforts réels que nous fournissons !

Dans cet esprit, je tiens, ici, une fois de plus, à remercier de tout cœur tous les pays amis, les organisations et institutions financières internationales qui, en ces temps difficiles, n'ont cessé de nous apporter leurs concours.

Mais, il va de soi que cette aide ne sera toujours qu'un appoint qui ne pourra se substituer à nos efforts propres.

Nous devons malheureusement constater un certain désintérêt des pays du Nord envers les pays du Sud.

Cette évolution, ajoutée à l'âpreté de la concurrence internationale et à la vitesse des progrès scientifiques et techniques, est de nature à marginaliser l'Afrique.

Pour faire face à ce phénomène, pour parer aux menaces qui pèsent ainsi sur notre avenir commun, il n'ya pas d'autre solution : nous devons absolument renforcer notre solidarité !

A cet égard, l'UDEAC n'est plus seulement un héritage du passé ; c'est une nécessité du présent, une garantie pour l'avenir.

Mais, les espoirs placés en elle, nous ne pourront les réaliser que si nous levons les obstacles qui freinent sa marche en avant, et pour ce faire, nous devons concilier le plus possible nos souverainetés nationales et nos intérêts particuliers avec les impératifs de la construction sous-régionale.

C'est le prix à payer pour faire avancer le processus d'intégration.

C'est le prix à payer pour conforter les bases de la compétitivité et du développement de nos pays et de notre sous-région.

C'est le prix à payer pour que l'Afrique centrale s'affirme davantage comme une entité homogène et solidaire, un exemple d'intégration, une sous-région qui s'affirme en Afrique et dans le monde.

Vive l'UDEAC !

Discours d'ouverture du troisième sommet ordinaire de la CEMAC prononcé le 10 décembre 2001 à Yaoundé par le Président Paul Biya

Excellences, Messieurs les Chefs d'État et Chers Frères,

Excellences, Messieurs les Ambassadeurs et Représentants des organisations internationales,

Honorables Invités, Mesdames, Messieurs,

Avant tout, permettez-moi, au nom du peuple camerounais, et en mon nom personnel, de vous souhaiter une chaleureuse bienvenue en terre camerounaise, à l'occasion de la tenue à Yaoundé de ce troisième sommet de la Communauté Économique et Monétaire de l'Afrique Centrale après ceux de Malabo en juin 1999 et N'Djamena en décembre de l'année dernière.

Considérez-vous ici au Cameroun comme chez vous afin qu'ensemble, nous appréhendions dans les meilleures conditions les problèmes de notre sous-région, et que nous dégagions la solution de nature à progresser vers les objectifs que nous nous sommes fixés.

Messieurs les Chefs d'État, Chers Frères,

Honorables Invités,

Qu'il me soit d'abord permis de rappeler qu'il ya deux ans et demi, nous avions, à Malabo, sous la présidence de notre frère et ami, le Président Obiang Nguema Mbasogo, donné l'impulsion initiale à notre communauté. Ce sont en effet les directives de la Déclaration historique de Malabo qui ont assuré le lancement effectif des activités de la

CEMAC, celle-ci ayant été dotée de nouveaux responsables et de dispositions réglementant son fonctionnement.

Après le Président de la République de Guinée Equatoriale et le Président de la République du Tchad, qui ont assuré la délicate transition de l'UDEAC à la CEMAC et le décollage de celle-ci, l'honneur est échu au Cameroun, le 14 décembre 2000 de prendre la relève et de se voir confier les rênes de notre organisation.

Avant de poursuivre, il me plaît de rendre hommage à mes prédécesseurs dont l'action a grandement facilité la mienne.

Messieurs les Chefs d'État, Chers Frères,

Honorables Invités,

Je vais maintenant retracer à grands traits ce que nous avons essayé de faire au cours des douze derniers mois, pour faire avancer notre programme d'intégration sous-régionale, conformément à la Déclaration de Malabo, déjà citée, et aux orientations de la dernière conférence des Chefs d'État réunie l'an dernier à N'Djamena.

D'une façon générale, je crois possible de dire que notre communauté fonctionne de façon satisfaisante.

Les quatre institutions qui la composent-Union Économique, Union Monétaire, Commission interparlementaire, Cour de justice communautaire- ne connaissent pas de difficultés particulières et remplissent normalement leurs missions. Les organismes spécialisés qui sont affiliés aux deux premières, ont suivi le mouvement. Les quelques ratés qui ont pu être observés au démarrage, ici ou là, sont compréhensibles de la part d'une organisation encore très jeune et qui cherche sa voie.

Messieurs les Chefs d'État et Chers Frères,

Honorables Invités,

Notre Communauté se veut l'expression dynamique de la vie économique de notre sous-région. Comme elle, elle doit sans cesse évoluer, sans cesse s'adapter. Elle est inséparable de l'idée de mouvement :

- mouvement des biens, et des capitaux, au bénéfice de l'économie de nos pays et de notre sous-région ;

- mouvement des personnes, afin que les talents et les compétences puissent aller là où ils auront leur utilité optimale ;

Si, sur le premier point, nous pouvons nous réjouir de réels progrès et même affirmer que nous avons pris de l'avance sur la plupart des autres organisations sous-régionales, en revanche nous sommes encore loin de l'objectif concernant la liberté de circulation et l'établissement des personnes.

A cet égard, nous nous félicitons de la décision de la Conférence des Chefs d'État de N'Djamena, relative à la mise en application de la Convention sur la libre circulation signée par nos Gouvernements en 1972. Et j'ajoute qu'en ce qui concerne la liberté d'établissement, un travail est en cours au Secrétariat Exécutif de notre Organisation pour trouver des solutions.

Je suis également heureux de constater une évolution positive dans différents autres domaines. J'en veux pour preuves :

- la décision de mise en circulation à compter de juillet 2002 du passeport CEMAC.

- l'adoption d'une charte communautaire des investisseurs, susceptible de garantir la sécurité des investissements communautaires et étrangers ;

- l'engagement de nos États dans la lutte contre la criminalité transnationale ;

- l'élaboration du réseau intégrateur en matière de transport et de communication ;

- la décision de créer une compagnie aérienne sous-régionale ;

- la réactivation de la compagnie de rassurance communautaire, et l'adoption du système de la carte rose assurance au tiers sous-régionale, et enfin, l'adoption de règles de saine concurrence au sein de la sous-région.

Ces progrès pourtant significatifs peuvent paraître modestes au regard du programme général d'action de notre Communauté. Nous nous sommes en effet engagés, aux termes du Traité instituant la CEMAC, à réaliser notre Union Économique d'Afrique centrale en quinze années, réparties en trois étapes de cinq années chacune.

Mais qu'il me soit permis de dire que nous ne sommes encore qu'au milieu de la première étape dont je tiens à rappeler les principaux objectifs:

- harmonisation des règles régissant les activités économiques et financières et élaboration des règlements communs ;

- engagement aux processus de coordination des politiques nationales dans les secteurs tels que l'agriculture, l'élevage et la pêche, l'industrie, le commerce, le tourisme, les transports et les télécommunications ;

- activation du processus de mise en place des instruments de libre circulation des personnes et des biens, des services des capitaux et des personnes, notamment en harmonisant la fiscalité des activités productrices et de l'épargne ;

- développement de la coordination des politiques commerciales et des relations économiques avec les autres régions ;

- préparation d'actions communes dans les domaines de l'enseignement supérieur, de la formation professionnelle, et de la recherche scientifique.

On le voit, nous ne sommes pas encore à terme et nous avons encore du chemin à parcourir. Et les prochaines présidences ne manqueront pas d'ouvrage.

Mais nous avons le temps et la détermination.

Le temps, car les années qui restent à courir, nous permettront, j'en suis sûr, de bâtir, pierre par pierre, cette intégration qui donnera à nos économies le dynamisme et la dimension qui leur manque encore.

La détermination pour accomplir une grande tâche, car en rapprochant nos économies, nous savons que nous rapprochons aussi nos peuples qui ont tant en commun, et qui aspirent à plus de fraternité et de solidarité.

Nous devons voir l'avenir avec optimisme. Par le dynamisme de ces structures, la multiplication de nos contacts denses, multidimensionnels, la CEMAC est de devenir désormais cet espace privilégié d'amitié et de coopération fructueuse, de solidarité rassemblant dans une vision et une volonté fortes les peuples de notre région, résolus de bâtir leur bien-être et leur bonheur.

Ainsi de proche en proche, par l'unification progressive et totale de l'ensemble de ses processus économiques, notre région est promise à jouer un des rôles essentiels dans l'édification de l'Union Africaine que nous appelons de tous nos vœux.

Je déclare ouverts les travaux de la 3ème Conférence des Chefs d'État de la Communauté Économique et Monétaire de l'Afrique Centrale.

Vive la CEMAC !

Vive la coopération régionale !

Merci de votre attention.

Discours d'ouverture du neuvième sommet ordinaire de la CEMAC prononcé à Yaoundé le 24 juin 2008 par le Président Paul Biya

Messieurs les Chefs d'État et Chers Frères,

Excellences,

Mesdames, Messieurs,

Après N'Djamena l'année dernière, Yaoundé se réjouit d'accueillir les travaux de la 9ème Conférence des Chefs d'État de la Communauté Économique et Monétaire de l'Afrique Centrale.

En vous souhaitant une chaleureuse et fraternelle bienvenue dans notre pays, nous formons également le souhait que votre séjour à Yaoundé soit des plus agréables et que nos délibérations connaissent le succès que nous sommes en droit d'en attendre.

Nos souhaits de bienvenue s'adressent également aux Représentants des organisations internationales, dont l'intérêt constant qu'elles portent à notre Communauté, est un témoignage éloquent de leur sollicitude à l'égard de notre sous-région. Nous y voyons une marque de confiance dans notre entreprise et un gage de succès pour la CEMAC.

Messieurs les Chefs d'État,

Excellences,

Mesdames et Messieurs,

Notre histoire commune dans le cadre de notre intégration régionale est déjà relativement longue mais depuis le début de ce processus, l'environnement mondial a profondément changé. Le CEMAC ne peut pas ne pas en tenir compte.

La planète est, en effet, devenue ce village planétaire où les distances ne sont plus un obstacle et où l'interdépendance est un fait d'évidence.

Jamais sans doute l'évolution du monde n'a suscité autant d'espoir mais en même temps n'a été aussi grosse d'incertitudes. La crise alimentaire mondiale, la détérioration du pouvoir d'achat, la hausse des cours du pétrole et les troubles qu'elles ont suscités dans divers pays sont autant d'avertissements dont nous devons absolument tenir compte.

Fort heureusement, la CEMAC a de nombreux atouts pour que le XXIème siècle soit aussi le sien. La globalisation des échanges nous offre d'immenses opportunités. A nous de les saisir. C'est la conscience de ces mutations profondes qui a conduit à entreprendre un vaste programme de réformes institutionnelles de la CEMAC. Il importe que la CEMAC soit dotée d'institutions plus efficaces, à même de saisir les chances qui s'offrent à elle et qui répondent aux objectifs que nous nous sommes fixés.

Le temps n'est plus au simple replâtrage institutionnel. Pour réussir nos réformes et faire de la CEMAC un grand projet d'avenir, nous devons être audacieux et ouverts.

Audacieux parce qu'on ne construit rien de grand sans audace. N'ayons pas peur des idées nouvelles. Ce sont elles qui sont porteuses d'avenir.

Ouverts, parce qu'il faut accepter de faire une place à chaque ressortissant de nos pays dans notre sous-région, reconnaître à chacun les mêmes droits, s'engager à concrétiser les projets structurants et intégrateurs de notre Communauté, mettre en œuvre les libertés de circulation qui traduisent notre volonté de donner à la CEMAC le contenu qu'en attendent les peuples d'Afrique centrale. C'est dire qu'il s'agit d'une nouvelle page d'histoire de notre Communauté qui doit s'écrire à partir de ces réformes. C'est nourris de cette conviction que nous avons demandé à la Commission de la CEMAC, de réfléchir et d'élaborer, en liaison avec la Banque des États de l'Afrique Centrale et la Banque de Développement de l'Afrique Centrale, un ambitieux programme économique régional. Ce programme devait être la traduction de notre détermination à promouvoir de façon harmonieuse le développement économique et social de l'Afrique centrale.

C'est le sens, et aussi l'esprit, de l'action que nous sommes convenus de mener pour des changements notables de notre Communauté, afin que l'Afrique centrale se transforme et se forge un avenir prospère.

La promotion de la femme, les problèmes de la jeunesse, la bonne gouvernance, le respect des droits de l'homme, la rigueur dans la gestion des ressources communautaires, ont leur place dans les programmes de refondation de la CEMAC, jouant ainsi le rôle de stimulants de nos efforts communs de développement et de promotion du mieux être de nos populations.

Le mieux être de nos populations passe en effet par une intégration plus harmonieuse de nos pays dans l'économie mondiale, par un développement plus durable et une réduction plus rapide de la pauvreté.

Avec l'accord de Partenariat Économique projeté entre l'Union Européenne et la CEMAC, nous voudrions mettre en marche un des moteurs de la réalisation de cet ambitieux objectif. Il s'agit en fait, de transformer l'Afrique centrale en un pôle d'attraction pour les investissements et les initiatives privées et un centre d'activité économique compétitif qui serait le garant d'une croissance soutenue et d'un développement économique et social pérenne.

La CEMAC entend négocier solidairement avec l'Union Européenne, un Accord de Partenariat prenant en compte nos intérêts fondamentaux. Nous attendons aussi qu'il soit un puissant catalyseur pour réaliser les objectifs d'intégration régionale que nous nous sommes fixés.

De façon évidente, le mieux être de nos populations en matière de santé. Il est essentiel que des actions vigoureuses soient engagées en vue, notamment, de l'éradication des pandémies qui, aujourd'hui, handicapent l'Afrique centrale : le VIH/SIDA, le paludisme, la tuberculose. Des moyens devant nous permettre d'y parvenir, doivent être activement recherchés. Le but est de mobiliser des ressources importantes, prévisibles et constantes.

Ces moyens et ressources, en dehors de nos États eux-mêmes, pourraient provenir de la Communauté internationale et notamment de l'Union Européenne et de la TICAD dont les engagements en faveur de la CEMAC sont connus.

Le mieux être de nos populations est également conditionné par le maintien de la paix dans l'espace CEMAC. C'est pourquoi, dans la continuité des actions déjà entreprises, il nous faut nous mobiliser pour que la paix et la sécurité reviennent des réalités tangibles pour l'ensemble des peuples d'Afrique centrale. Des progrès appréciables ont déjà été obtenus pour contenir l'extension de l'insécurité dans notre sous-région, en particulier dans sa partie septentrionale. Mais force est de constater que ce phénomène est loin d'avoir disparu. Les multiples tentatives de déstabilisation dont le Tchad, pays frère et ami est victime de façon récurrente, sont là pour nous rappeler que le moment n'est pas venu de baisser la garde. De la même façon, nous ne devons pas laisser se développer le long du littoral du golfe de Guinée des zones où les bandes armées font la loi, comme on l'a vu récemment à Bakassi.

Notre tâche consistera donc, en liaison avec la Communauté internationale, à prendre toutes les mesures qui s'imposent, sans que cela nous empêche de favoriser les processus de réconciliation nationale dans les pays en situation post-conflit. Par ailleurs, il s'agira de maintenir notre engagement pour que, là où c'est nécessaire, la paix s'installe à la place des tensions et des affrontements.

Messieurs les Chefs d'État, Chers Frères,

L'ambition commune de nos peuples est que l'Afrique centrale, aux côtés de ses partenaires au développement, redouble d'efforts afin que s'ouvrent pour nos États, les voies de la stabilité et du progrès.

Cela ne sera possible que grâce à une vision claire de nos objectifs, une définition précise des moyens à mettre en œuvre et une évaluation réaliste des étapes de notre processus d'intégration. Celui-ci doit être ressenti non comme la dépossession de nos souverainetés nationales mais, plutôt comme une mutation qui porte en elle les promesses d'unité et d'intelligence de l'avenir.

Voilà ce à quoi, dans le cadre de la CEMAC, nous devons, je crois, travailler sans relâche pour bâtir ensemble une ambitieuse entreprise de cœur et de raison.

Vive la Communauté Économique et Monétaire de l'Afrique Centrale,

Vive la coopération régionale.

Je déclare ouverts les travaux de la 9ème session ordinaire de la Conférence des Chefs d'État de la CEMAC.

Je vous remercie.

LISTE DES SIGLES, ACRONYMES ET ABRÉVIATIONS

- **ACP** : Afrique Caraïbe Pacifique
- **AEF** : Afrique Equatoriale Française
- **AGOA**: African Growth Opportunity Act
- **AN**: Assemblée Nationale
- **AOF** : Afrique Occidentale Française
- **BDEAC** : Banque de Développement des États de l'Afrique Centrale
- **BEAC** : Banque des États de l'Afrique Centrale
- **BIRD** : Banque Internationale pour la Reconstruction et le Développement
- **BM** : Banque Monétaire
- **CAF** : Confédération Africaine de Football
- **CAPA** : Certificat d'Aptitude à la Profession d'Avocat
- **CCF** : Centre Culturel français
- **CDC** : Cameroon Development Corporation
- **CEA** : Commission Économique pour l'Afrique
- **CEDEAO** : Communauté Économique et Douanière des États de l'Afrique de l'Ouest
- **CEE** : Communauté Économique Européenne
- **CEEAC** : Communauté Économique des États de l'Afrique Centrale
- **CEMAC** : Communauté Économique et Monétaire de l'Afrique centrale

- **CEPE** : Certificat d'Études Primaires Élémentaires

- **CFA** : Communauté Financière d'Afrique

- **CIMA** : Conférence Interafricaine des Marchés d'Assurance

- **COBAC** : Commission Bancaire de l'Afrique Centrale

- **CPG** : Confédération Patronale Gabonaise

- **DESS** : Diplôme d'Études Supérieures Spécialisées

- **DSX** : Douala Stock Exchange

- **EIED** : École Inter-États des Douanes

- **ENA** : École Nationale d'Administration

- **ENFOM** : École Nationale de la France d'Outre-Mer

- **ENS** : École Normale Supérieure

- **FAN** : Forces Armées du Nord

- **FED** : Fonds Européen de Développement

- **FMI** : Fonds Monétaire International

- **IRIC** : Institut des Relations Internationales du Cameroun

- **ISSEA** : Institut Sous-régional de Statistique et d'Économie Appliquée

- **J.O** : Journal Officiel

- **LGDJ** : Librairie Générale de Droit et de Jurisprudence

- **NEA**: Nouvelle Édition Africaine

- **NEPAD**: New Partnership for African Development

- **OAMCE** : Organisation Africaine et Malgache pour la Coopération Économique

- **OCAM :** Organisation Commune Africaine et Malgache

- **OCEAC** : Organisation pour la lutte contre les endémies en Afrique centrale

- **OHADA** : Organisation pour l'Harmonisation en Afrique du Droit des Affaires

- **OMC** : Organisation Mondiale du Commerce

- **ONU** : Organisation des Nations Unies

- **OUA** : Organisation de l'Unité Africaine

- **PAS** : Programme d'Ajustement Structurel

- **PIB** : Produit Intérieur Brut

- **PIR** : Programme Indicatif Régional

- **PRR** : Programme régional de reformes

- **PUY** : Presses Universitaires de Yaoundé

- **RCA** : République Centrafricaine

- **SCS** : Société Camerounaise des Sacheries

- **SDN** : Société des Nations

- **SIC** : Société Immobilière du Cameroun

- **SNI** : Société Nationale d'Investissement

- **SONEL** : Société Nationale d'Électricité

- **TCA** : Taxe sur le Chiffre d'Affaire

- **TCI** : Taxe Communautaire d'Intégration

- **TEC** : Tarif Extérieur Commun

- **TICAD**: Tokyo International Conference for African Development

- **TVA** : Taxe sur la Valeur Ajoutée

- **UA** : Union Africaine

- **UDE** : Union Douanière Équatoriale

- **UDEAC** : Union Douanière des États de l'Afrique centrale

- **UE** : Union Européenne

- **UEAC** : Union Économique de l'Afrique Centrale

- **UMAC** : Union Monétaire de l'Afrique Centrale

- **UPC** : Union des Populations du Cameroun

- **URAC** : Union des Républiques d'Afrique Centrale

LISTE DE TABLEAUX

BIBLIOGRAPHIE

I- Sources d'archives

A- Archives du MINEPAT

- Dossiers officiels CEEAC

- Dossiers officiels CEMAC

B- Archives nationales de Yaoundé

- Dossiers officiers UDEAC

- Journal officiel de la République Fédérale du Cameroun, n° 6, mars 1967, p.446.

- Journal officiel de la république Fédérale du Cameroun, n° 8, 1er mai 1967, p.814.

- Journal officiel de l'UDEAC, 8e année, n° 1, juin 1973, p.5.

- Journal officiel de la République du Cameroun, 1er novembre 1998, p.1386.

II- Sources secondaires

A- Ouvrages publiés

-Abwa D., *Commissaires et Hauts commissaires de la France au Cameroun (1916-1960) : ces hommes qui ont façonné politiquement le Cameroun*, Yaoundé, PUY, 2000.

- Abwa D. ; Essomba J.-M. ; Z. M. Njeuma; M. de la Roncière, *Dynamiques d'intégration régionale en Afrique centrale*, 2 tomes, Yaoundé, PUY, 2001.

- Agenda du Président de la République du Cameroun, janvier 2004.

- Annuaire national de la République Fédérale du Cameroun, Toulouse, Presse d'Édouard Privat, 1963.

- Annuaire statistique du Cameroun, Yaoundé, DSCN, 1985.

- Annuaire statistique du Cameroun, Yaoundé, DSCN, 1997.

- Badie B., *Un monde sans souveraineté. Les États entre ruse et responsabilité*, Paris, Fayard, 1999.

- Balencie J.-M., Grange de la A., Mondes *rebelles : acteurs, conflits et violences politiques*, Paris, Michalon, 1996.

- Belaouane Gherari S. et Gherari H., *Les organisations régionales africaines : recueils de textes et de documents*, Paris, Documentation Française, 1998.

- Bennafla K., *Le commerce frontalier en Afrique centrale acteurs, espaces, pratiques*, Paris, Karthala, 2002.

- Ben Hammouda H., Bekolo Ebe B. et als, *L'intégration régionale en Afrique centrale. Bilan et perspectives*, Paris, Karthala, 2003.

- Bourges H. ; Wautier C., *Les 50 Afriques : Afrique des Grands Lacs, Afrique australe, Afrique centrale, Afrique occidentale, Océan indien*, Paris Seuil, 1979.

- Castells M., *Le pouvoir de l'identité*, Paris, Fayard, 1999.

- Coquery Vidrovitch C., *Problèmes de frontières dans le Tiers-monde*, Paris L'Harmattan, 1982.

- Dubois C. et als, *Frontières plurielles. Frontières conflictuelles en Afrique subsaharienne*, Paris, L'Harmattan, 2000.

- Gaillard P., *Le Cameroun,* Tome 1, Paris, L'Harmattan, 1989.

- Gonidec P. ; Bourgi A., *Introduction à l'Organisation de l'Unité Africaine et aux organisations régionales africaines*, Paris, LGDJ, 1986.

- Hugon P., *L'économie de l'Afrique*, Paris, La Découverte, 1999.

- Igué J. O., *Le territoire et l'État en Afrique. Les dimensions spatiales du développement*, Paris, Karthala, 1995.

- Kabou A., *Et si l'Afrique refusait le développement ?,* Paris, L'Harmattan, 1991.

- Kamgang H., *Le Cameroun au XXIème siècle : Quitter la CEMAC, puis œuvrer pour une monnaie unique dans le cadre des États-Unis d'Afrique*, Yaoundé, Renaissance Africaine, 2000.

- Kamto M., *L'urgence de la pensée. Réflexion sur une précondition du développement en Afrique*, Yaoundé, Ed. Mandara, 1993.

- Mandjouhou Yolla E., *La politique étrangère du Cameroun*, Paris L'Harmattan, 2003.

- Mathieu P. et als (sous la dir.), *Démographie, enjeux fonciers et pratique locale en Afrique. Conflits, gouvernance et turbulences en Afrique de l'Ouest et centrale*, Paris, L'Harmattan, 1997.

- Mbembé A., *Afriques indociles. Christianisme, pouvoir et État-post-colonial*, Paris, Karthala, 1988.

- Mouéllé Kombi N., *La politique étrangère du Cameroun*, Paris, L'Harmattan, 1996.

- Nana Sinkam S., *Le Cameroun dans la globalisation. Conditions et prémisses pour un développement durable et équitable*, Yaoundé, Clé, 1999.

- Numéro spécial du bulletin de l'Afrique noire, *Les élites camerounaises : qui est qui au Cameroun?*, Paris, Ediafric, 1976.

- Renard J.-P. (sous la dir.), *Le géographe et les frontières*, Paris, L'Harmattan, 1997.

- Seck M., (sous le dir.), *L'Encyclopédie de la République Unie du Cameroun,* 4 tomes, Paris, NEA, 1981.

- Touna Mama ; Bekolo Ebe ; Fouda Owoundi, *Les économies africaines face à l'Europe de 1993*, Yaoundé, PUC, 1992.

- Touna Mama, *La mondialisation et l'économie camerounaise*, Yaoundé, Friedrich Ebert Stiftung, 1998.

- Thual F., *Le désir de territoire*, Paris, Ellipses, 1999.

- Withol De Wenden C., *Faut-il ouvrir les frontières ?*, Paris, Presses de Sciences Politiques, 1999.

B- Articles de journaux, revues et périodiques

- Abina Nlomo J., "Le support de l'intégration économique", *Cameroon Tribune*, n° 4276, 1er décembre 1988, p.6.

- Ahidjo A., Discours d'ouverture du 6ème sommet de l'UDEAC, *La presse camerounaise*, n° 6173, 19-20 décembre 1970, p.4.

- Anonyme," L'économie camerounaise, l'une des plus dynamiques d'Afrique", *Cameroon Tribune*, n° 3141, décembre 1984, p.4.

- Anonyme, " Créer un marché commun d'Afrique centrale ", *Cameroon Tribune*, n° 3155, décembre 1984, p.17.

- Anonyme, "Le 26ème sommet de l'UDEAC : Plaidoyer pour la survie", *Cameroon Tribune*, n° 4788, 18 décembre 1990, p.18.

- Ayefoumin O., "Le développement par l'État-nation", *Togo-Presse*.

- Bach D., "Afrique subsaharienne : appréhender les coûts de la désintégration", *Économie prospective internationale*", 48 (4), 1991, p-p. 118-135.

- Biya P., Discours d'ouverture des travaux du 18ème sommet de l'UDEAC, *Cameroon Tribune,* n° 2558, 19-20 décembre 1982, p.3.

- Biya P., Discours d'ouverture du 30ème sommet de l'UDEAC, *Cameroon Tribune*, n° 5750, 22 décembre 1994, p.3.

- Biya P., Discours de clôture du 24ème sommet de l'UDEAC, *Cameroon Tribune*, n° 4281, 08 décembre 1988, p.7.

- Côme Awoumou G. D., "La coexistence CEEAC-CEMAC : une nécessité ?", *Enjeux*, n° 17, octobre-décembre 2003, p.23

- Communiqué final du 20ème sommet de l'UDEAC, *Cameroon Tribune*, n° 3160, 25-26 décembre 1984, p.15.

- Communiqué final de la 24ème session de l'UDEAC,

Cameroon Tribune, n° 4282, 09 décembre 1988, p.8.

- Communiqué final du 27ème sommet de l'UDEAC, *Cameroon Tribune*, n° 5026, 10 décembre 1991, p.7.

- Constantin J., " L'intégration régionale en Afrique noire. Esquisse sur dix années de recherches", *Revue française de science politique*, vol XXII, n° 5, octobre 1972, p.1110.

- Dakayi Kamga T., Interview accordée à *Jeune Afrique Économie*, n° 352, décembre-janvier 2003, p.17.

- Ekani A. V., " Un destin commun", *Cameroon Tribune*, n° 4281, 08 décembre 1988.

- Essama Essomba, " Un instrument au service du football et de la jeunesse ", *Cameroon Tribune*, n° 4276, 1er décembre 1988, p.12.

- Essama Essomba, "Fraternité", *Cameroon Tribune*, n° 4281, 08 décembre 1988.

- Foalem A., Interview accordée à *Jeune Afrique Économie*, n° 118, avril 1989, p.138.

-Hugon P., " Face à la marginalisation de l'Afrique subsaharienne : ouverture au marché mondial ou intégration régionale ?", *L'Année africaine*, 1987-1988, p.20.

- Jackson W., " La marche contrariée vers l'union économique ", *Le monde diplomatique*, mars 1996, p.14.

- Kalkaba Malboum H., "Intégration et mouvement sportif en Afrique centrale ", *Enjeux*, n° 11, avril-juin 2002, p.5.

- Mandeng C. J., " Après la dévaluation du franc CFA, l'Afrique doit bâtir une zone monétaire", *Le Messager*, Edition spéciale, 09 février 1994, p.12.

- Manfred de P., " Intégration régionale : une nouvelle donne ?", *Marchés Tropicaux*, n° 3039, 06 février 2004, p.288.

- Mboto Fouda L., " De l'UDEAC à la CEMAC : ce qu'il faut retenir", *Cameroon Tribune*, n° 2826, 12 février 1998, p.5.

- Mvé Mintsa, " Les acquis de Yaoundé", *Cameroon Tribune*, n° 1649, décembre 1979, p.14.

- Mvé Mintsa, " BEAC et zone franc : adhésion de la Guinée Équatoriale ", *Cameroon Tribune*, n° 3158, 21 décembre 1984, p.16.

- Nadjitan Ndôh D., " Afrique centrale : les derniers jours de l'UDEAC ", *Jeune Afrique l'Intelligent*, n° 240, 05 mai 1997, p.60.

- Ngandui J., " UDEAC : d'importantes mesures de relance de l'organisation", *Cameroon Tribune*, n° 3158, 21 décembre 1984, p.16.

- Ngandui J., " Une page tournée dans l'histoire de l'Afrique centrale ", *Cameroon Tribune,* n° 3160, 25-26 décembre 1984, p.14.

- Nkemdem F., " Dakayi Kamga: integration to the core", *Cameroon Tribune*, n° 2826, 12 février 1998, p. 5.

- Nzékoué J.-M., " Un puissant outil d'intégration", *Cameroon Tribune*, n° 4281, 08 décembre 1988, p.13.

- Otabela Q., " Une grande fête de la coopération africaine", *Cameroon Tribune*, n° 3155, décembre 1984, p.16.

- Ouatedem T., " Vingt-septième sommet de l'UDEAC : les maux et les remèdes", *Cameroon Tribune*, n° 5026, 10 décembre 1991, p.6.

- Pouillieute A., " Bilan et perspective de l'intégration sous-régionale en Afrique", *Afrique contemporaine*, n° 193, janvier-mars 2000, p.74.

- Ropivia L. M., " Les contradictions du processus d'intégration en Afrique occidentale et centrale", *Enjeux*, n° 1, octobre-décembre 1999, p.4.

- Samba B. P. et Tchomba G., "Cameroun : nouveau plan de vol pour la Camair ", *Jeune Afrique Économie*, n° 352, décembre-janvier 2004, p.37.

- Tamekamta Z. A., " De la ruralisation à la citadinisation de l'insécurité au Cameroun : le cas de Yaoundé comme espace d'implantation de la criminalité depuis 1990", article à publier.

- Tamekamta Z. A.," L'Afrique centrale plurielle : Éléments d'explication d'une norme juridique unanimiste mais politiquement contestée", article à publier.

- Tcheuwa J.C., " Brèves réflexions sur la libre circulation des personnes et la citoyenneté dans la zone CEMAC", *Cahier africain des droits de l'homme*, n° 6-7, mars 2002, p.159.

- Tcheuwa J. C., " Le droit international à travers la constitution camerounaise du 18/01/1996", *Tribune du droit public*, n° 5, III, 1999, p.77.

- Tchoupa J., " L'idéal d'intégration", *Cameroon Tribune*, n° 4277, 1er décembre 1988, p.4.

- Thierry V., " UDEAC : l'intégration régionale en panne", *Jeune Afrique Économie*, n° 164, février 1993, p.84.

- Tombalbaye F., *Marchés Tropicaux*, n° 1173, mai 1968, pp.1201-1202.

- Tsanga Abanda J., Interview accordée à *Cameroon Tribune*, n° 4276, 1er décembre 1988, p.6.

- Tshiyembé Mwayila, "Ambitions rivales dans les Grands Lacs ", *Manière de voir 51*, Bimestriel mai-juin 2000, p.22.

- Yerim Seck C., " Pour quelques barils", *Jeune Afrique L'Intelligent*, n° 2260, 02 au 08 mai 2004, p.70.

- Yessoufou S., " Afrique centrale : nouveau départ pour l'intégration régionale", *Jeune Afrique Économie*, 02-05 mars 1998, p.64.

- Waffo Mongo, " BEAC : une évaluation confiante", *Cameroon Tribune*, n° 4281, 08 décembre 1988, p.10.

C- Thèses et mémoires

1- Thèses

- Ayissi Ngah A., " Les fondements de la guerre dans l'Afrique post-coloniale ", Thèse pour le Doctorat de 3ème cycle en Relations internationales, Université de Yaoundé II-IRIC, 1986.

- Côme Awoumou G. D., "Le couple Cameroun-Gabon et la dynamique d'intégration en Afrique centrale : enjeux, contrastes et réalités ", Thèse pour le Doctorat de 3ème cycle en Relations internationales, Université de Yaoundé II, IRIC, 2002.

- Jackson W., "Le Cameroun et l'intégration économique régionale ", Thèse pour le Doctorat de 3ème cycle en science politique, 3 volumes, Université de Paris VII-Denis Diderot.

- Chouala Y. A., " Désordre et ordre dans l'Afrique centrale actuelle : démocratisation, conflictualisation et transitions géostratégiques régionales", Thèse pour le Doctorat de 3ème cycle en Relations internationales, Université de Yaoundé II-IRIC, 1999.

2- Mémoires

- Bewekedi Timba P. E., " La libre circulation des personnes et le droit d'établissement dans l'UDEAC", Mémoire de Maîtrise en Relations internationales, Université de Yaoundé II-IRIC, 1986.

- Edima Nlate T. S., " Contribution du Cameroun à la résolution pacifique des conflits frontaliers avec ses voisins de 1960 à nos jours", Mémoire de Maîtrise en Histoire, Université de Yaoundé I, 2003-2004.

- Edjimbi Ngotong O., "Le problème des refugiés africains de 1960 à 1980. Approche historique", Mémoire de Maîtrise en Histoire, Université de Yaoundé, 1991.

- Messina Mvogo E., " Le Cameroun et le Nouvel Ordre Économique International, 1974-1981", Mémoire de Maîtrise en Histoire, Université de Yaoundé I, 2001-2002.

- Mvogo Mvogo A. T., "Le système institutionnel et juridique de la CEMAC : étude du droit de l'intégration régionale ", Mémoire de DESS en Relations internationales, Université de Yaoundé II-IRIC, 2000.

- Nakam Datchoua S., "Le Cameroun du Renouveau dans la dynamique d'intégration en Afrique centrale : enjeux et réalité ", Mémoire de Maîtrise en Histoire, Université de Yaoundé I, 2003.

- Ndombi Edimo D., " Transport et relations entre le Cameroun et ses voisins : cas du Tchad et de la Centrafrique (1964-2000) ", Mémoire de Maîtrise en Histoire, Université de Yaoundé I, 2001-2002.

- Ntsama I. S., " Le Cameroun et le processus d'intégration en Afrique centrale", Mémoire de Maîtrise en Histoire, Université de Yaoundé I, 2002-2003.

- Okanla Affolabi M., " Intégration politique régionale : exemple du Conseil de l'Entente et l'organisation pour la mise en valeur du fleuve Sénégal", Mémoire de 3ème cycle en Relations internationales, Université de Yaoundé II-IRIC, 1976.

- Onana Awondo M. A., "La communauté équato-guinéenne au Cameroun de 1968 à 1979 : étude historique", Mémoire de Maîtrise en Histoire, Université de Yaoundé I, 2003.

- Owono Zang G. J. R.," La problématique de la nationalité dans le nouvel ordre international africain", Mémoire de DESS en Relations internationales, Université de Yaoundé II-IRIC, 2002.

- Tamekamta Z. A., " De l'UDEAC à la CEMAC : bilan de la gestion du secrétariat général de 1982 à 1998", Mémoire de Maîtrise en Histoire, Université de Yaoundé I, 2004.

- Tamekamta Z. A., "Convoitises frontalières, hétérogénéité culturelle et crises sociopolitiques en zone CEMAC depuis 1960 ", Mémoire de DEA en Histoire, Université de Yaoundé I, 2006.

- Tsama I. S., " Le Cameroun et le processus d'intégration en Afrique centrale", Mémoire de Maîtrise en Histoire, Université de Yaoundé I, 2002-2003.

- Wadili Madi, " Les relations entre les Moundang du Tchad et ceux du Cameroun", Mémoire de Maîtrise en Histoire, Université de Yaoundé I, 2004-2005.

- Zogo J. G., " Charles Onana Awana, un grand commis de l'État au service de la politique (1923-1999)", Mémoire de DIPES II, Université de Yaoundé I, ENS, 2005.

D- Rapports divers

- Conté A., " Les conflits en Afriques : causes et conséquences ", Rapport de stage diplomatique, Université de Yaoundé II-IRIC, juin 1998.

- Kpatshavi Koffi Abolo, " Le processus d'intégration économique en zone UDEAC et CEDEAO", Rapport de stage diplomatique, Université de Yaoundé II-IRIC, 1996.

- Mbaïguedem Mbaïro J., " L'Afrique centrale vers l'intégration régionale. L'apport de la CEMAC", Rapport de stage diplomatique, Université de Yaoundé II-IRIC, 1999.

- Rapport présenté par la commission des affaires étrangères de l'Assemblée nationale lors de la session de juillet 1998 sur le projet de loi n° 643/PJI/AN.

- Rapport annuel de la délégation de la Commission Européenne en République du Cameroun sur la mise en œuvre des conventions ACP/UE, Yaoundé, 1999.

- Wachoum Adoum B., "L'avenir de l'UDEAC après le sommet des chefs d'État et de gouvernement de N'Djamena en 1994 ", Rapport de stage diplomatique, Université de Yaoundé II-IRIC, 1996.

TABLE DES MATIÈRES

L'HARMATTAN, ITALIA
Via Degli Artisti 15; 10124 Torino

L'HARMATTAN HONGRIE
Könyvesbolt ; Kossuth L. u. 14-16
1053 Budapest

L'HARMATTAN BURKINA FASO
Rue 15.167 Route du Pô Patte d'oie
12 BP 226 Ouagadougou 12
(00226) 76 59 79 86

ESPACE L'HARMATTAN KINSHASA
Faculté des Sciences sociales,
politiques et administratives
BP243, KIN XI ; Université de Kinshasa

L'HARMATTAN GUINEE
Almamya Rue KA 028, en face du restaurant Le Cèdre
OKB agency BP 3470 Conakry
(00224) 60 20 85 08
harmattanguinee@yahoo.fr

L'HARMATTAN CÔTE D'IVOIRE
M. Etien N'dah Ahmon
Résidence Karl / cité des arts
Abidjan-Cocody 03 BP 1588 Abidjan 03
(00225) 05 77 87 31

L'HARMATTAN MAURITANIE
Espace El Kettab du livre francophone
N° 472 avenue du Palais des Congrès
BP 316 Nouakchott
(00222) 63 25 980

L'HARMATTAN CAMEROUN
BP 11486
Face à la SNI, immeuble Don Bosco
Yaoundé
(00237) 99 76 61 66
harmattancam@yahoo.fr

L'HARMATTAN SENEGAL
« Villa Rose », rue de Diourbel X G, Point E
BP 45034 Dakar FANN
(00221) 33 825 98 58 / 77 242 25 08
senharmattan@gmail.com

Achevé d'imprimer par Corlet Numérique - 14110 Condé-sur-Noireau
N° d'Imprimeur : 77635 - Dépôt légal : mars 2011 - *Imprimé en France*

www.ingramcontent.com/pod-product-compliance
Lightning Source LLC
LaVergne TN
LVHW011008061026
849535LV00006B/1768
9782296544642